CONOCERSE   ACEPTARSE   MEJORARSE

Edición original
Conoscersi Accettarsi Migliorarsi

© edizioni ESSERE FELICE/ c/o MACRO EDIZIONI

Edición española
Primera edición: enero de 2005
Cuarta edición: febrero de 2008
© de esta edición: Terapias Verdes, S.L.
Aragón, 259, 08007 Barcelona
www.terapiasverdes.com

Traducción de la 32ª edición italiana: Julieta Carmona Lombardo

Fotocomposición: Víctor Igual, S.L.
Peu de la Creu, 5-9, 08001 Barcelona
Impresión: Gráficas 94, S.L.
Polígono Can Casablancas
calle Garrotxa, nave 5
08192 Sant Quirze del Vallès
Depósito legal: B-1.408-2008
ISBN: 978-84-96707-53-5

Omar Falworth

El arte de vivir felices

Conocerse
Aceptarse
Mejorarse

Terapias Verdes

No le dedico este libro a nadie porque no me gusta escribir dedicatorias.

«No hagas lo que no te gusta, sino te traerá graves consecuencias»..... es una de las principales líneas de conducta que seguir para vivir más felices.

LAS EXTRAÑAS IDEAS

DE UN EXTRAÑO ESCRITOR

¡Hola!

Soy el pensamiento que ha creado este libro...

... y enseguida te voy a tutear.

Durante tu aventura entre estas páginas siempre te tutearé, y a veces íntimamente: como si nos conociéramos desde hace siglos.

Yo deseo regalarte todo lo que sé sobre el arte de vivir felices, pero, sobre todo, quiero comunicarte mi alma...... Esto, creo, te servirá para aumentar tu actual grado de felicidad más que mis mejores conocimientos y mis buenos consejos.

¿Por qué?

Porque te infundirá la fuerza moral para vencer la difícil batalla contra el más terrible enemigo de tu felicidad: tú.

No conseguiría nunca transmitirte lo mejor de mí tratándote de usted.

El tú acerca.

El tú compromete.

El tú envuelve.

El tú es más humanidad.

El tú es más fraternidad.

El tú es más amor.

.... El tú es más bello.

Cuando quieras transmitir a los demás tu cara buena, usa el usted y piensa antes de hablar. Cuando quieras comunicar tu alma, usa el tú y habla sin pensar.

Te tuteo porque me sale así... y así lo hago.

Cuando entro en contacto con otro pensamiento, y deseo construir con él una profunda relación, intento entreabrirme con la máxima transparencia.

En este instante tú y yo emprendemos el camino por la calle de nuestra amistad, y deseo que sea una bella relación. Por eso te tuteo descaradamente.... por eso te hablo con el corazón abiertamente.

Pero no creas que me resulta fácil desnudar mi autenticidad. Debo luchar continuamente contra mi geniecillo maligno que me aconseja: «*Omar, ten cuidado con lo que escribes y cómo escribes, de lo contrario ni tú gustarás, ni tu libro gustará*».

* * * * * * *

Quizá también a ti, a veces, se te pase por la cabeza el pensamiento de que, actuando auténticamente, no gustarás, y por tanto, perderás la estima de los demás.

¡Combate este pensamiento gris!... ¡Véncelo!... Elimínalo!........ y muestra tranquilamente tu espíritu más secreto.
    ¡Prueba!

Nadie te atará al palo de la tortura por haber osado hacerlo.

Y si te sobrevienen a la conciencia dudas del tipo: «*¿¡Qué pensarán de mí!?*»; devuélveselos al remitente, es decir, a la parte oscura de ti que tiene prisionera tu autenticidad.

Te tuteo porque me sale así... y así lo hago.

Y con ello te doy mi fuerza moral, mi constancia, mi perseverancia, mi serenidad, mi alegría, mi felicidad, pero sobre todo mi inmenso amor por la vida.

Durante tu aventura entre estas páginas intenta «sentir» a estos grandes amigos de mi corazón; «cógelos» y albérgalos dentro del tuyo...

... y comprenderás mucho sobre el arte de vivir más feliz.

... y aprenderás a llenar tus días de alegría.

> *Quien suprime la autenticidad, se mata a sí mismo.*

La aventura de vivir

¡Hola!...

Soy el pensamiento que ha creado este libro... un pensamiento extraño... un pensamiento que no crea libros normales, sino insólitos, extraños, absurdos... libros que parecen de todo menos libros... esa es la razón por la que los llamo nolibros.

Este libro no tiene índice...

Sus números de página se han despegado, y se han ido a pasear por lugares del mundo.

La forma es (por decir poco) extraña.

La puntuación es (sin duda) irracional.

El color de impresión es siempre diferente.

Su lectura está a menudo perturbada por inconvenientes e imprevistos.

¿Por qué?

Porque sirve para enseñarnos el arte de vivir felices.

Me explico mejor.....

La nube que oscurece el cielo de la felicidad no es más que el *TEMOR A LO NUEVO*.

Quien tiene en sí este temor, evita hacer cosas que no ha hecho nunca, tener experiencias que no ha tenido nunca, ir a lugares donde no ha estado nunca, evita, en resumen, perderse en nuevos horizontes.

¿Por qué?

Porque no quiere arriesgar su incolumidad, no quiere perder dinero, no desea notar feas sensaciones de desorientación, de inseguridad, de miedo.

Pero actuando así...... difícilmente desarrolla sus mejores cualidades de ser humano... difícilmente se enriquece... difícilmente aprende a gozar, a crear, a amar... y a crear amor.........

.... y adiós a vivir feliz.

El temor a lo nuevo es uno de los peores enemigos de la felicidad: hay que combatirlo sin tregua... para redimensionarlo... para debilitarlo al máximo.... para enterrarlo en el olvido.

Para tal objetivo existe una estrategia psicológica muy eficaz:

acostumbrarse a lo nuevo.

| Acostumbrarse a emprender actividades un poquito arriesgadas. | Acostumbrarse a conocer lugares nuevos, personas nuevas, emociones nuevas, sabores nuevos, horizontes nuevos. | Acostumbrarse a prescindir de programas, de garantías, de seguridades. |

En definitiva, acostumbrarse a abrir puertas sin saber a priori lo que hay en la otra habitación.

Leer un libro sin índice ni números de página (y con tantas rarezas) acostumbra a arreglárselas perfectamente cuando uno se pierde por el camino.....

..... cuando uno se pierde en la vida.

Este nolibro es un viaje, un interesante viaje, un viaje lleno de aventura..... Si fuera normal, sería sólo un cómodo, agradable, pero inútil paseo entre líneas de palabras... no serviría para ver nacer en la mente del lector a la hija más traviesa de la felicidad: «LA COSTUMBRE A LO NUEVO»...
No serviría para vencer los miedos... no serviría para nada.

La vida también es un viaje, un interesante viaje, un viaje lleno de aventura; pero quien teme lo nuevo (y por tanto, le gusta poco la aventura), ¿qué hace?
Se construye un cómodo castillo de costumbres....... le excava alrededor una zanja de seguridades........ lo provee de programas a corto y largo plazo.......... y..... se encierra dentro.

¡Pero haciendo esto no viveeeeeee!
Porque vivir es una aventura, una gran aventura, una maravillosa aventura.

Vivir es un continuo curiosear, explorar e introducirse en el mundo,
y asombrarse de lo que se ha conocido,
y maravillarse de lo que se ha descubierto,
y gozar del propio asombrarse y del propio maravillarse.

Vivir es devenir.
Ser hoy diferentes de ayer, diferentes de mañana.
Ser hoy más que ayer, menos que mañana.
Ser hoy mejores que ayer, peores que mañana.
Y todo esto no puede florecer si, por temor a lo nuevo...
... se limitan las propias experiencias,
... se restringen los propios conocimientos,
... claudicamos ante el seguro y cómodo vacío de la cotidianidad,
... y.............. dejamos de vivir.
****

Este nolibro no tiene índice...
Sus números de página se han despegado, y se han ido a pasear por lugares del mundo.
La forma es (por decir poco) extraña.
La puntuación es (sin duda) irracional.
El color de impresión es siempre diferente.
Su lectura está a menudo perturbada por inconvenientes e imprevistos.

¿Por qué?

Porque sirve para disolver la nube que oscurece el cielo de nuestra felicidad: EL TEMOR A LO NUEVO....... Sirve para deshacer nudos psicológicos que nos tienen clavados a nuestras seguridades... Sirve para liberarnos de nosotros mismos.

Porque nuestro corazón debe ser libre de zambullirse en el mundo...

Sólo así podrá convertirse en amigo íntimo de la felicidad...

... sólo así podrá hacernos «volar».

> *La vida es como el mar:*
> *o se mira desde la orilla...*
> *o se navega gozando de sus inmensas bellezas,*
> *aunque haciéndolo*
> *se corra el riesgo de toparse con alguna borrasca.*

¡Ah!... Quería decirte algo...

He querido imprimir este nolibro en varios colores para que te acostumbres a los cambios, pero también lo he hecho porque así queda más bonito.

Los colores evocan alegría, vida... Y para ser felices hay que rodearse de alegría y de vida.

Mi geniecillo maligno se ha opuesto a mi decisión: *«¡Omaaaar!... Pero, ¿¡qué haces!?... ¡Los libros no se imprimen en colores!... ¿¡Qué va a pensar la gente!? ¡No hagas siempre lo que te viene en gana!... ¡Imprímelo en negro!........»*

Pero yo no lo he escuchado.

A mi no me importa nada lo que pensarán los demás, lo que sí me importa es que en todo lo que hago haya alegría y vida. Espero que a ti también.

Felicidad e incógnitas

Seguro que cuando has comprado este libro has pensado:

«¿Pero, quién es este Omar Falworth?

Nunca lo he oído nombrar.

Ahora daré un vistazo a la cubierta o al interior e intentaré saber quién es».......

Pero no has encontrado ningún dato sobre mí.

No ha habido ningún error de imprenta.

Yo he dado instrucciones al editor de que no escriba datos sobre mí.

¿Por qué?

Porque deseo que tú aprendas el arte de vivir feliz.

Me explico mejor.

Para vivir feliz debes (entre otras cosas) **alcanzar una condición psicológica en la que no necesites demasiadas informaciones tranquilizadoras sobre las personas que frecuentas.**

¡Por eso!...

Leyéndome sin saber quién soy, dónde vivo, qué hago, cuántos años tengo y otras inutilidades de este tipo, te hará adquirir esta óptima costumbre.

Pero, ¡vamos a ver!...

Qué te importa saber cuántos años tiene mi cuerpo, dónde vive, qué hace... Lo importante es que tú me conozcas a mí como pensamiento.

Y nosotros los pensamientos no tenemos edad, no tenemos sexo, no tenemos carné de identidad.

Nosotros los pensamientos no vivimos en un lugar particular de la tierra, no tenemos nacionalidad, no somos habitantes de ninguna ciudad.

A nosotros los pensamientos no nos importan nada los títulos académicos, los cargos honoríficos, o las cátedras de enseñanza en las mejores universidades.

Lo único que nos importa es circular por el mundo... y conocer otros pensamientos a los que ofrecer nuestras ideas, nuestros sentimientos, nuestras experiencias... y enriquecernos con sus ideas, sus sentimientos, sus experiencias.

Pero, ¡vamos a ver!...

Qué te importa saber cuántos amaneceres ha vivido el cuerpo en el que me encuentro, ni cuántas puestas de sol han presenciado sus ojos...

Lo importante es que tú me conozcas a mí como pensamiento... que cojas lo mejor de mí... y lo hagas tuyo.

Esto te ayudará a acostumbrarte y hacer lo mismo con las nuevas personas que conozcas.

Esto te permitirá tener muchos buenos amigos.

.... Y será un buen vivir.

> *Los que se preocupan mucho por lo exterior*
> *entienden poco de lo interior de los demás,*
> *pero lo más grave es que no entienden nada del suyo.*

Vivir un libro

Quizá tú también seas una de esas personas que le da importancia a sus libros... y le encanta conservarlos limpios, impecables, nuevos.

¡No le des importancia a tonterías de este tipo!

Este libro no es un libro para lucir. Es un libro amigo: un nolibro vivo, dinámico, palpitante, pícaro.

¡Haz que vaya siempre contigo!... ¡Llévalo en el coche!... ¡Mételo en el cuarto de baño!...

¡Déjalo caer!... ¡Lánzalo!... ¡Úsalo!... ¡Dóblalo!... ¡Arrástralo!

Compra un rotulador y señala lo que más te guste, lo que más te llame la atención, lo que encuentres más útil. ¡Garabatéalo! ¡Ensúcialo! ¡Embadúrnalo!

¡Personaliza este nolibro!... ¡Llénalo!... ¡Hazlo tuyo!...... ¡Vive este no libro!

Y será más eficaz.

...... Y te ayudará a ser feliz.

> *Hay gente que no utiliza las cosas que tiene*
> *por miedo a gastarlas...*
> *... y hacen lo mismo con sus vidas.*

El valor de la simplicidad

Ya llevaba escritas treinta páginas de este nolibro y en la número treinta y uno...

¡¡Stop!!

Paré todo.

¿Por qué?

Porque me acordé de todas las dificultades con las que me había encontrado años atrás leyendo libros de psicología práctica. Me acordé de todos los conceptos incomprensibles con los que me había topado y de la cantidad de términos psicológicos que no había logrado comprender.

Entonces decidí escribir de forma simple, simplísima, simplisicísima... de modo que hasta un semianalfabeto pudiera comprender fácilmente mis conceptos, mis ideas, mi alma.

En ese momento mi geniecillo maligno se salió de sus casillas:

«¡No escribas de forma tan simple, Omar!

¡No lo hagas!

Desde siempre los psicólogos han empleado un lenguaje rebuscado, han descrito sus teorías con términos técnicos y han utilizado vocablos científicos.

Si escribes de forma simple la gente no te creerá, no te apreciará ni te dará la consideración que mereces...
... y tu libro será un fracaso.
        ¡Omar, no escribas de forma sencilla!
¡Te lo ruego!
¡Escribe como un intelectual!
¡No hagas lo que te dé la gana!
¡Escúchame!»

Pero yo no lo he escuchado.

He releído todo lo que tenía escrito y lo he «traducido» en palabras simples, simplísimas, simplisicísimas.

Las principales teorías a las que he recurrido para construir la mía, SIMPLE-PRÁCTICA-PSICOLOGÍA PARA VIVIR FELICES, son:
la psicología «Cognitiva»,
la psicología del «Comportamiento»,
la psicología «Humanística»,
la psicología del «Ego» de Rogers
la psicología «holisticodinámica».

He intentado traducir de todas formas en lenguaje simple los conceptos psicológicos y filosóficos de los que me he servido... lo mismo hice con los términos científicos.

Mi mayor satisfacción la tendré cuando alguno me diga: «No pensaba que la psicología de la felicidad fuera tan simple de comprender y de poner en práctica».

He escrito este libro empujado por varias motivaciones, pero la más importante ha sido la de poner a disposición de mis hermanos pensamientos... mis conceptos, mis ideas.

Ésas, fruto de veinte años de estudio y de experiencias, me han permitido alcanzar un elevado grado de felicidad.

(La felicidad tiene muchas caras, puede ser que la mía no sea pura felicidad, pero una cosa es cierta: yo estoy siempre de buen humor y a menudo siento serenidad, contento, alegría de vivir.

Está claro que a veces me enfado, me fastidio, estoy de mal humor..., pero eso me ocurre muy pocas veces.)

Soy consciente de la subjetividad y de la relatividad de todas las cosas, por lo que no pretendo enseñar nada a nadie. Pero si mis ideas y mis consejos sirvieran para hacer un poquito más feliz a una sola persona en el mundo, habré alcanzado mi objetivo.

◇◇◇◇◇◇◇◇◇◇◇◇◇◇◇◇◇◇◇◇

Hoy en día millones de personas, atrapadas en la rutina cotidiana, manipuladas por los políticos, drogadas por la televisión, se pierden de vista a sí mismas... y viven poco felices.

Mientras tanto......... pasa la vida.

Espero que este nolibro ayude a alguna de ellas a tomar conciencia de esto y a hacerla reflexionar más sobre los verdaderos valores de la vida.

Un nolibro es un encuentro entre el autor y el lector.

Yo y tú nos hemos encontrado aquí... ahora... en estas páginas.

Hagamos que nuestro encuentro sea interesante, cautivante, simpático, emocionante y provechoso para ambos.

¿¡Te gusta la idea!?

Yo hago todo lo posible.

¿¡Qué tienes que hacer tú!?

Nada extraordinario. Sólo debes emplear la siguiente intui-

? ? ? ? ? ? ? ? ? ? ?

¿La frase precedente no continúa?
No es un error de imprenta.
La he interrumpido yo.
¿Por qué?
Ahora te explico.

Una de las principales líneas de conducta para ser felices reza: NO ENFADARSE CUANDO HAY ALGO QUE INTERRUMPE LO QUE ESTAMOS HACIENDO.
Si te acostumbras a no enfadarte cuando no logras terminar la lectura de una frase en este nolibro, te acostumbrarás a no enfadarte cuando, durante tu jornada, te ocurra algo que te impida continuar con lo que estabas haciendo.

¡No te enfades nunca por cosas poco importantes!

¡No te enfades nunca por cosas poco importantes!

¡No te enfades nunca por cosas poco importantes!

¡No te enfades nunca por cosas poco importantes!

¡No te enfades nunca por cosas poco importantes!

DEDICAR EL MAYOR TIEMPO

POSIBLE A LA FELICIDAD

El objetivo de la vida

¿Qué es la vida?

¿Un breve paréntesis entre el nacimiento y la muerte?

¿Un instante entre dos eternidades?

¿Una pausa fugaz en la tierra a la espera del reino de los cielos?

¿Qué significa vivir?

¿Dedicar el propio tiempo y las propias energías a las ganancias o al éxito? ¿A la obtención del mayor número de seguridades posible?

¿No puedo gozarla sin programas, sin proyectos, sin metas particulares?

¿Comprometerse uno mismo a llevar una vida honesta, con un objetivo noble o un ideal muy elevado?

Como ves, todas las respuestas pueden ser buenas: las filosóficas, las religiosas, las morales, las materialistas... todas, con tal que incluyan una palabra... una breve, simple, pero importantísima palabra: feliz.

Vivir es... vivir felices.

Puedes dedicar tu vida a TENER, y vivirla sólo por los placeres que ofrece... puedes conferirle un valor social y dedicarla al progreso de la humanidad... puedes enfocarla hacia la filantropía y dedicarla a los que sufren... puedes emplearla como preparación a la vida eterna...

... pero si no vives feliz no puedes llamarla vida.

Por su naturaleza, la vida debe ser feliz igual que el sol es caliente... el cielo es azul... el agua es transparente.

Cuanto más felices somos, más vivos estamos. Cuanto menos felices somos, menos vivos estamos.

La felicidad hace sana la vida; la infelicidad la pone enferma.

Tú podrás replicarme: *«Sí, Omar. Tienes razón, Omar. Pero vivir felices es difícil, tremendamente difícil».*

¡No es verdaaaad! **Vivir felices es fácil... más de lo que se cree.**

La vida no es ni difícil ni fácil... es neutra.

Somos nosotros los que la hacemos difícil.

La vida no es ni fea ni bella... es neutra.

Somos nosotros los que la hacemos poco bonita.

La vida nos ofrece una infinidad de alegrías.

Somos nosotros los que no las sabemos aprovechar para albergarlas en nuestro corazón.

Tu vida actual es poco feliz no porque hayas tenido mala suerte, o porque era cosa del destino que así fuera, o por culpa de los demás. Eres tú quien (sin darte cuenta) le ha dibujado el rostro rugoso y cansado que tiene actualmente.

Pero si no te gusta, tú eres el que puede modelarla y orientarla hacia los azules cielos de la felicidad.

¿Cómo?

Aprendiendo el arte de vivir feliz... Pero no durante la espera en los semáforos rojos, o en el bar entre un café y una mirada al reloj, sino dedicando buenas parcelas de tu tiempo a ese aprendizaje.

Encuentra el mayor tiempo posible que puedas dedicarte: a mejorarte, a mejorar tu personalidad, a mejorar tu vida.

Róbale un poco a tu trabajo.

Utiliza los momentos muertos de tu jornada.

Quítaselo al sábado, al domingo, al sueño.

Constrúyetelo. Invéntatelo. Cómpratelo.

Haz lo que quieras. Búscalo donde quieras.

Pero encuéntralo....... y encuentra bastante.

Sólo así podrás devolver a tu vida sus alas blancas.

Al diablo tu lucha por tener más dinero, más éxito, más estima, más seguridades... más... más... más...

Deshazte de tus «*¿Qué como hoy?*», «*¿Qué compro hoy?*», «*¿Qué veo hoy en la tele?*» y de todo lo que no te sirve para hacer que tu vida actual sea maravillosa.

Hoy en día nos esforzamos en todo,
menos en lo más importante de la vida...
ser felices.

Leer a menudo y bien

¿Has comprado este libro por curiosidad?...

... ¿Tienes intención de leerlo para distraerte de las preocupaciones de los problemas cotidianos?...

... ¿Lo quieres usar para deslizarte mejor entre los brazos del sueño?...

... entonces, léelo como si fuera sólo un «libro», es decir, cuando tengas tiempo... de vez en cuando... distraídamente... una sola vez.

¿Has comprado este libro para llegar a ser feliz? Entonces, léelo con compromiso, léelo atentamente, léelo con frecuencia, léelo con mucha frecuencia, léelo muchas veces, muchas veces, muchas veces...

Este nolibro es una buena guía.

Puede abrirte los ojos y hacerte ver un horizonte de vida mucho más amplio del que ves actualmente.

Puede hacer que tú (dentro de algún tiempo) sonrías más, goces más, y te pongas a pasear a menudo con buen humor y despreocupación.

Puede hacer que tus relaciones interpersonales sean más gratificantes y tu relación de pareja más bonita.

Te puede convertir en una persona más amable, y por tanto, hacerte recibir más amor, más afecto, más estima.

En definitiva, puede hacerte alcanzar el cielo.

Pero tienes que leerlo frecuentemente, frecuentísimamente.

Tienes que leerlo más veces, muchas veces, muchas maaaaaás.

Éste no es un libro cualquiera, no es de esos meteoritos que atraviesan tu mente sin cambiar nada...

Es algo (creo) que reavivará la luz de tu vida... es algo (creo) que hará vibrar tu alma.

¡No lo leas como cualquier otro libro, te lo pido, te lo suplico!...

Lo recordarás vagamente...

En tu mente quedará una síntesis poco nítida y superficial de lo que habrás leído...

... y dentro de algún tiempo habrás olvidado todo...

... y seguirás viviendo como haces ahora...

... y tu vida se arrepentirá por la gran ocasión perdida.

Este no es un libro cualquiera... es un nolibro.

Es bello de leer,

relaja,

instruye,

incluso divierte.

Pero, sobre todo, es un libro aumentativo: sirve para aumentar tu grado de felicidad.

¿Deseas pasar alguna hora simpática con mis pensamientos y mi alma?...

... entonces léelo como te parezca.

¿Deseas aprender el arte de vivir más feliz?...

... entonces léelo a menudo, léelo con atención, léelo varias veces...

... pero, sobre todo, léelo con el corazón.

> *Todos saben leer con los ojos y la mente,*
> *pero sólo unos pocos con el corazón.*

El arte de vivir

Cada día es un nuevo día... todo por descubrir, todo por inventar, todo por vivir, todo por gozar.

El alba lo posa sobre el escenario de tu vida, y se va.

El nuevo día es tuyo, te pertenece, nadie te lo puede quitar. Puedes hacer de él lo que quieras...... Puedes hacer de él una obra de arte o un fracaso...... Porque tú eres el guionista..., el director... y el protagonista.

Pero probablemente tú no participes directamente en el espectáculo de tus días, eres un simple espectador.

La vida está hecha de tantos días nuevos: todos por inventar, todos por vivir, todos por gozar.

¡Levántate del sillón de primera fila y sube al escenario de tu vida!

¡Debes ser tú el guionista......., el director......., y el protagonista de tus días!

¡Debes ser tú el artífice de tu vida!

¡Debes ser tú el que la conduzca y no dejarte conducir por ella!

Y no te preocupes si no consigues ganar el Oscar de la vida...

... lo importante es que le pongas buena voluntad, empeño, constancia, una pizca de creatividad y mucho, mucho amor...

... lo importante es que tú goces de los momentos en los que intentas realizarla.

... entonces sí que tu obra (tu vida) será una obra de arte; entonces sí que serás feliz...

... aunque no te saliera bien...

... aunque no te gustase...

... aunque no te proporcionara conformidad y riquezas.

Vivir felices es un arte...... Y el arte se hace por hacerse, se hace por sí mismo.

Vivir felices es un arte... Y el arte es pensamiento.

Vivir felices es el arte de pensar.

Vivir es amar… sobre todo la vida.

Recuerda

PARA VIVIR FELIZ,

DEBO DEDICAR

EL MAYOR TIEMPO POSIBLE

A MI FELICIDAD

¿Quieres hacer algo felicible?
Lee lentamente.

Domina tu costumbre de leer rápido.
Domina tus ganas de seguir adelante con la lectura para saber qué hay
de interesante.
L e e
     l e n t a m e n t e.

¿Has visto?
He escrito «felicible»: una palabra
que no existe.
¡Es verdad que soy un escritor extraño con extrañas ideas!

¿Quieres saber qué significa «*felicible*»?
Te complaceré rápido: «*Acción o
comportamiento que provoca felicidad*».

¡Qué hermoso es poder crear
palabras nuevas!

L e e
     l e n t a m e n t e.
L e e
     l e n t a m e n t e.
L e e
     l e n t a m e n t e.
L e e
     l e n t a m e n t e.
L e e
     l e n t a m e n t e.
L e e
     l e n t a m e n t e.
L e e
     l e n t a m e n t e.

APRECIAR LA VIDA

La suerte de vivir

Vivir...
... con el nerviosismo encima, con la aflicción en la cabeza, con la muerte en el corazón... pero vivir;
... preocupándose, sufriendo, desesperándose... pero vivir.

Vivir...
... sin ser apreciados, sin ser comprendidos, sin ser amados... pero vivir;
... sin nadie que nos facilite el camino, sin un futuro prometedor, sin ninguna certeza... pero vivir.

Vivir...
... con tristes miedos en el corazón, con mil pensamientos malos en la mente, con la duda atroz de que nada sirve para nada... pero vivir;
... sin saber qué hacer, sin saber en qué dirección ir, sin saber por qué vivir... pero vivir.

Porque la vida no necesita certezas, no pretende desahogos, ni mucha salud, ni tantos afectos, ni mucho prestigio, ni seguridad alguna.
Vivir es ser, es gozar.
Y se puede ser también con pocas migajas.
Y se puede gozar de todo aunque no se tenga nada.

Lo más importante de la vida es... vivir.

Pensar a menudo
en lo que ya se tiene

Tú estás de buen humor cuando te sucede algo que te hace ganar:
dinero
o ventajas
o éxito
o estimas
o seguridades
o afecto
o amor.
Pero estás de buen humor sobre todo cuando dentro de ti (en tu mente) sucede algo bueno que te empuja a estarlo... algo que no tiene nada que ver con ganancias y ventajas, algo que nace del pensamiento, del simplísimo pensamiento: la alegría.

Probablemente en esta estación de tu vida no florecen muchos acontecimientos positivos que puedan suscitarte buen humor...
... y tu mente sufre por la carencia de este alimento vital...
... y te regala mil salpicaduras de infelicidad al día.
Entonces, ¿qué debes hacer para recoger grandes montones de alegría y ponerlos dentro de tu corazón?
Debes incrementar la «producción» de buen humor interior.
Debes desenhornar todo el buen humor posible de ese inmenso horno que es tu mente.
¿Cómo?

¡Aprecia lo que ya tienes!

Tienes millones de cosas que pueden hacerte vibrar de buen humor durante el día. Sólo debes adquirir la óptima costumbre de pensar en ellas lo más a menudo posible.

Tienes la vida, por ejemplo...

... la tienes siempre a tu lado... en ti... en cada célula tuya... en tu mente... en tu corazón... en tu alma.......; y tiene un valor inmenso... y el pensamiento de tenerla puede colmarte de buen humor...

... pero tú raramente la aprecias.

¿Quieres apreciarla más?...

¿Quieres estar de buen humor durante largos momentos al día?...

Emplea el siguiente truco que es sencillísimo...

Cada mañana, apenas te levantes de la cama...
mientras te desperezas,
mientras te vistes,
mientras desayunas,
... piensa así:

Hoy debo estar de buen humor...
durante todo el día,
porque vivo.

¿¡Cuántas personas han muerto esta noche!?
¿¡Cuántas personas que estaban vivas y con salud han muerto entre ayer y anteayer: por un infarto... por un ictus... o aplastadas entre los hierros de un automóvil!?

Yo no....... Yo sigo con vida.

POR ESO HOY ESTARÉ DE BUEN HUMOR...
DURANTE TODO EL DÍA.

Hoy estaré de buen humor...
durante todo el día,

porque estoy bien.

¿¡Cuántas personas han estado mal esta noche!?

¿¡Cuántas personas han enfermado gravemente entre ayer y anteayer!?

¿¡Cuántas personas han perdido la vista... o el oído... o el uso de cualquier miembro en los últimos diez días!?

Y querrían ver lo que estoy viendo en este momento, oír los ruidos que estoy oyendo ahora, o salir de casa con los propios pies como haré dentro de poco.

Serían increíblemente felices.

Darían todo lo que tienen por tener estas simples cosas que yo tengo y que no aprecio nunca.

Yo las tengo. Yo estoy bien.

POR ESO HOY ESTARÉ DE BUEN HUMOR... DURANTE TODO EL DÍA.

Sí, tengo algún achaque, alguna molestia fastidiosa, pero nada grave, nada que pueda poner en peligro mi vida o amenazar seriamente mi salud.

Sí, necesito dinero, hay algún problema de incomprensión con las personas que viven junto a mí, pero nada que pueda poner en peligro mi vista... mi oído... o el uso de algún miembro.

POR ESO HOY ESTARÉ DE BUEN HUMOR... DURANTE TODO EL DÍA.

(Eso no significa que me alegre de las desgracias ajenas, pero sirven para hacerme reflexionar y apreciar mi vida y mi salud.)

Tiene mucho...
el que sabe apreciar lo poco que tiene.
Tiene poco...
el que no sabe apreciar lo mucho que tiene.

Pensar a menudo en
la belleza de vivir

Quizá a ti también te ocurra a menudo que el día esté lleno de imprevistos e inconvenientes...

... y te convences por esto de que es un mal día.

¡Evita este banalísimo error!

No existen días malos o días buenos.

Los días son todos neutros.

Eres tú el que puede hacerlos buenos o malos... Y puedes hacerlos buenos si, cuando no van por el camino justo, enseguida piensas así:

¿Lo que está ocurriendo de malo pone en peligro mi vida?
No.
Entonces, no es grave,
es una tontería.

Aunque el daño que estoy sufriendo sea grande, siempre es algo sin importancia comparado con la suerte que tengo de vivir...

... porque LA VIDA ES BELLA A PESAR DE TODO.

Probablemente también tú atravieses periodos en los que te atormentan graves problemas... y lo ves todo oscuro, todo enmarañado, todo tremendamente difícil.

Se te aclararía la mente y conseguirías encontrar buenas soluciones si pensaras que (a pesar de tus «graves» problemas) vives, y que *LA VIDA ES BELLA A PESAR DE TODO*.

Seguro que tú también, de vez en cuando, eres víctima de fuertes dolores o de cualquier molesta enfermedad que no te da tregua. Y te parece que el mundo se te caiga encima sin que tú puedas hacer nada por evitarlo.

Los dolores se aliviarán como por arte de magia, y la enfermedad aflojará su opresión si piensas que (a pesar de tu mala salud) vives y que *LA VIDA ES BELLA A PESAR DE TODO*.

El valor de la vida es inmenso.

Cualquier inconveniente, cualquier daño, cualquier drama, es mísero comparado con eso.

Durante el día, haz a menudo esta comparación...

y la cantidad de cosas que no van como deberían...

y las sutiles incorrecciones de los demás que tanto te molestan...

y las decenas de pequeñas injusticias cotidianas que soportas...

... no te trastornarán más.

Y te sucederá a menudo que cabalgarás sobre el arco iris de la despreocupación.

.... Y será un lindo vivir.

> *Lo que hace maravillosa la vida es...*
> *... maravillarse cada día de vivir.*

El secreto de la felicidad

Nosotros los seres humanos tenemos una buena característica psicológica: la insatisfacción (no estamos nunca satisfechos).

Eso es bueno, porque así estamos motivados a ir siempre hacia adelante en la vida.

Tener metas que alcanzar es fundamental para nuestra felicidad.

Si no tuviéramos ningún proyecto que realizar, caeríamos en la inercia, en la apatía, en la depresión más profunda.

Si no tuviéramos ningún ideal, poco a poco nos convertiríamos en estúpidos animales.

Si en la vida no tuviéramos objetivos, con el paso del tiempo no tendríamos más motivación por vivir.

Pero, si no tenemos bien controlada esta característica positiva nuestra (la insatisfacción), podemos cometer un gravísimo error en nuestra forma de vida: por el ímpetu de tener más, no apreciamos lo que ya tenemos.

Y nos dejamos el alma y la mente por obtener siempre más: más dinero,   más comodidad,   más éxito,
      más seguridades,   más afecto,   más amor...
más... más... más... más... más... más... más... más... más... más...

Luego, cuando obtenemos aquello por lo que hemos luchado tanto, no conseguimos disfrutarlo, puesto que enseguida intentamos obtener otras cosas.

Te avisoooooooooooooooooooooooooooooooooooooooo...
No cometas tú también este gravísimo errooooor.
Recuerdaaaaaaaaaaaaaa...

El secreto de la felicidad consiste en estar cada día contentalegre por lo que ya se tiene e (moderadamente) **intentar conseguir más.**

> *La vida es como el mar:*
> *para apreciarlo en toda su belleza*
> *hay que navegarlo lentamente,*
> *pero por desgracia hoy se prefiere el hidroplano.*

Recuerda

PARA VIVIR FELIZ

DEBO APRECIAR LA VIDA

¿Has leído el nuevo vocablo que he inventado hace poco? No encontraba la palabra adecuada para expresar un estado de ánimo que fusionase el contento y la alegría juntos. Así que he inventado la contentalegría.

¡Qué hermoso es inventar palabras!

¿Quieres hacer algo felicible?
Usa este nolibro como debe ser, es decir, estableciendo una relación profunda entre tú y yo.

¿Qué debes hacer?
¡Háblame como si yo estuviese contigo!

¿Cómo?
Coge un bolígrafo y escribe en las partes blancas todo lo que quieras decirme: tus impresiones, tus emociones, tus elogios, tus críticas, las sonrisas que te provoco, tus exclamaciones de sorpresa, etc.

Si lees algo que apruebas, escribe: «*¡Muy de acuerdo, Omar!*»
Si lees algo que no apruebas, escribe: «*¡No estoy de acuerdo contigo, Omar!*»

Si encuentras alguna excentricidad mía que no te gusta nada, escribe: «*¡Estás loco, Omar!*».

Si te dan ganas de reír, escribe: «*¡Me haces gracia, Omar!*»

¡Venga!..... ¡Va!.....
Coge un bolígrafo... y escribe en las partes blancas todo lo que quieras decirme.
¡Venga! ¡Coge un bolígrafo... y escribe!
¡Venga! ¡Coge un bolígrafo... y escribe!
¡Coge un bolígrafo... y escribe!
¡Coge un bolígrafo... y escribe!
¡Coge un bolígrafo!
¡Coge un bolígrafo!
¡Coge un bolígrafo!
¡Escribe!
¡Escribe!
¡Escribe!
¡Escribe!
¡Escribe!
¡Escribe!
¡Escribe!

REDUCIR
EL TEMOR A ERRAR

Mejorarse

La frase más tonta que un ser humano pueda decir o pensar es la siguiente: «*Yo soy así, y no puedo hacerle nada*».

¡No es verdaaaaad!

Puede hacer mucho, si quiere. Puede cambiar para mejor, si decide cambiar.

Todo cambia en la tierra. Todo evoluciona. Todo se transforma.

Nosotros los seres humanos tenemos una facultad única, excepcional, fantástica: la autodeterminación, podemos modificarnos y convertirnos en lo que decidamos ser.

¿Somos ansiosos y queremos ser calmados y serenos? Es posible.

¿Somos apáticos y queremos ser avispados y dinámicos? Es posible.

¿Somos ovejas y queremos llegar a ser leones? Es posibilísimo.

Nada es imposible si se está convencido de que no lo es.

Si hay en ti algo que no te gusta o que deseas eliminar, puedes hacerlo, puedes hacerlo, te digo.

¿¡No es maravilloso!?

«*¿Cómo lo hago?*», me preguntas.

Empieza por sustituir en tu mente la frase: «*Yo soy así, y no puedo hacerle nada*» con la frase «*Yo soy así... y cambiaré lo que no va bien en mí*».

Tú puedes hacer de ti un nuevo tú: más seguro, más fuerte, más bello.

Tú puedes hacer de ti la persona más en forma, más amable, más feliz del mundo.

Pero debes quererlo:

fortísimamente,

con todo el corazón,

con toda el alma.

Sólo así podrás llenarte de la fuerza moral necesaria para conseguirlo.

Sólo así podrás lograrlo.

.... Y tu vida podrá comenzar a «volar».

> *Adaptarse a las circunstancias desfavorables está bien,*
> *pero creárselas favorables es mejor.*

Aumentar la propia autoestima

Nosotros somos animales:

animales racionales, pero animales,

animales sofisticados, pero animales,

animales espléndidos, pero animales.

Nosotros (como todos los animales de esta tierra) vivimos en grupo o en sociedad.

La vida en sociedad no es fácil....... surgen a menudo dificultades que hay que afrontar, problemas que hay que resolver, contrariedades que hay que superar... inconvenientes, imprevistos, equívocos.

Para superar todos estos obstáculos es indispensable disponer de una gran fuerza interior.

Esta fuerza nos la proporciona la autoestima.

La autoestima es un pensamiento que circula por nuestra mente como la sangre circula por nuestro cuerpo. La sangre cede a las células del cuerpo las sustancias nutritivas; la autoestima hace lo mismo: cede nutrición a la fuerza moral... es el oxígeno del valor.

Cada uno de nosotros, para afrontar la maravillosa (pero a veces difícil) aventura que es la vida, debe sentir que vale, debe sentir que está preparado para actuar, para poder tener éxito en lo que hace... en pocas palabras, debe estimarse.

La autoestima es como la fuerza en las piernas para poder caminar, la fuerza en las manos para poder coger, levantar, lanzar. Es un sentido de potencia que se debe tener necesariamente en la mente para hacer cualquier cosa. Sin ella, las dificultades de la vida serían insuperables: una pequeña colina se convertiría en una montaña.

Por tanto, es indispensable tener buenas cantidades de autoestima.

¿Y si no las tenemos?

Nace en nosotros el temor a equivocarse.

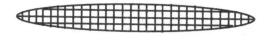

El temor a errar es como el viento frío del norte que te obstaculiza el camino cada vez que estás a punto de tomar una decisión...

y te flagela la mente,

y te pone el corazón en alboroto,

y te hace pensar cosas como:

«¿Y si me equivoco?»

«¿Quién me asegura que estoy obrando bien?»

«¿Me comporto así o me comporto de otra forma?»

«¿Lo hago o no lo hago?»

El temor a equivocarte nace de lo más profundo de ti y se expande por tu mente carcomiendo poco a poco tu autoestima.

Te han enseñado (desde la infancia) que quien se equivoca no es bueno, no es muy inteligente.

Te han enseñado que las cosas deben hacerse bien, sino se es estúpido, se es inferior con respecto a quien las sabe hacer mejor.

Y ahora, cuando tus ganas de acción te empujan a actuar, eres presa de pensamientos negativos tipo:

«Si me equivoco, no valgo»

«Si me equivoco, quiere decir que no soy competente»

«Si me equivoco, perderé la estima de los demás».

¡No te dejes engañar por estos temores grises, te lo ruego!

No identifiques el fracaso con tu sentido del valor.

El sentido del valor no es algo que se pueda perder como se pierde un paraguas. Es una fuerza, una sólida fuerza interior... y no depende de los aplausos ajenos.

El NO SABER HACER BIEN UNA COSA no tiene que ver con el sentido del valor.

El sentido del valor vive en otro universo: un mundo más bello que el nuestro...

... el mundo del *SER*.

Durante el día hay muchas ocasiones en las que tu geniecillo maligno hace aflorar en tu conciencia el temor a errar, pero tú...

... ¡no lo permitaaas!
... ¡no le des libertad de acción!...
... ¡combátelo sin treguaaa!
... ¡invádelo por todos ladooos!
... ¡atácalo con todas las armas que tieneees!...
   ... para vencerlo,
   ... para desmoronarlo,
   ... y relegarlo al olvido.
Sólo así podrás mejorar tu personalidad.
Sólo así tendrás muchas experiencias enriquecedoras.
      .... Sólo así podrás echar a volar.

> *Se equivoca el que no actúa por temor a errar.*

El temor a errar crea un nido de confusiones en la mente: dudas, conflictos, ansias, preocupaciones... Veamos cómo pueden combatirse estos enemigos de la felicidad.

Aceptar las dudas
del deber elegir

En la vida hay siempre que elegir, pero no es fácil. Todas las elecciones traen ventajas, pero al mismo tiempo también desventajas.
Así nacen las dudas.

Tener dudas es natural, naturalísimo. Pero nosotros no querríamos tenerlas nunca, querríamos poder decidir rápido y hacerlo bien.

¡Imposibleeeeeeee!

Nosotros somos seres humanos, no Dios... Y como seres humanos podemos reducir la probabilidad de errar y el ansia emparejada al deber elegir, pero no podemos eliminar nuestras dudas.

Un consejooooo...

Cuando debas tomar una decisión, no te dejes influenciar por tu estúpida pretensión de no querer equivocarte. No te tortures con la duda de poder elegir mal.

Acepta serenamente tus dudas.

Convéncete de que en la vida no existe ninguna certeza. No desperdicies más energías psíquicas para eliminar las dudas de tu mente. Úsalas para resolver bien los problemas, para aprender el arte de vivir feliz.

Y tus días ya no serán grises.

.... Y tu vida se teñirá de color rosa.

> *La verdadera seguridad consiste en...*
> *no tener necesidad de seguridades.*

Reflexionar poco sobre las decisiones de pequeña importancia

Hay millones de decisiones que tomar en la vida, pero sólo pocas son verdaderamente importantes.

No te preocupes cuando debas tomar decisiones de poca monta.

Aunque resultaran malas, no sería ni mucho menos el fin del mundo.

Mejor arriesgarse a errar que provocarse una úlcera por tener enquistada en el cerebro la duda de equivocarse antes de haber elegido.

Un consejooooo...
Cuando las decisiones que tengas que tomar no sean objetivamente importantes, no las pienses demasiado.
Sigue tu sentido común,
pero también tus instintos;
tómalas en frío o en caliente...
y tómalas sin demora.

A veces los daños de la duda (antes de decidir)
son mayores que los de la eventual decisión equivocada.

Evitar las decisiones forzadas

Quizá a ti también te ocurra que (cuando debes tomar una decisión) racionalmente desees ir al encuentro del riesgo, la libertad, la vida, pero tu inseguridad te frena y te retiene tras los muros de la prudencia excesiva.

Tú sabes cuál es la mejor decisión, pero «debes» tomar la peor.

En este caso, antes de decidir, intenta reducir el temor que está en la base de la eventual decisión forzada.

Un consejoooooo...

Cuando debas tomar una decisión, intenta evitar el tener que elegir obligatoriamente.

No te dejes reprimir por nada ni por nadie.
Pero, sobre todo, no te dejes reprimir por ti mismo.

A veces no somos nosotros los que tomamos las decisiones,
sino las decisiones las que nos toman a nosotros.

Tomar decisiones flexibles

Cuando debas tomar una decisión intenta que no sea irrevocable.

Piensa de esta forma: *«Por ahora decido esto. Después, si me doy cuenta de que no he elegido bien, haré esto otro».*

Cuando llegues a un acuerdo (escrito o verbal) **prográmalo de forma que, si cambias de idea, no tengas que pagar un precio demasiado alto.**

Si no es necesario, no le des a los demás certezas sobre ti... Usa frases del tipo:

«Haré todo lo que pueda... pero no puedo garantizarte nada»
«No te aseguro que no cambiaré de idea acerca de...»
«No puedo darte la certeza de que seré siempre como soy ahora».

> *En la vida, la única cosa de la que podemos estar seguros es...*
> *... de que no estamos seguros de nada.*

Aplazar las decisiones

Cuando debas tomar una decisión, y no haya necesidad de tomarla enseguida, aplázala.

No te dejes influenciar por tu duendecillo maligno que, para anular el ansia de tener que decidir, te instiga a decidirla enseguida.

Quédate serenamente por el momento con tu problema en la mente.

Puede ser que con el paso del tiempo intervengan otros factores o nuevas informaciones que puedan reducir las probabilidades de errar.

¿Qué pierdes esperando?

Recuerdaaaaa...

MUCHAS VECES LA MEJOR DECISIÓN ES... APLAZAR LA DECISIÓN.

Cuando debas elegir, parte de la suposición de que existe una decisión mejor de la que tomarás y que... inevitablemente... te equivocarás.

Esto reducirá tus dudas y te predispondrá a aceptar más fácilmente los daños eventuales derivados de tomar la decisión equivocada.

Es un recurso sencillísimo, úsalo a menudo. Y tu mente te agradecerá cada día el haberle evitado tantos enfados inútiles.

Recuerdaaaaa...

Cuando se toma una decisión, lo importante no es saber que es la correcta, sino que, si no lo es, se sabrá aceptar serenamente el error cometido y se tendrá la fuerza necesaria para afrontar la nueva situación.

Aceptar las dudas de las decisiones tomadas

Cuando hayas tomado una decisión, no desgastes el cerebro inútilmente con letanías del tipo: «*¿He hecho bien?, ¿He hecho mal?, ¿He hecho bien?, ¿He hecho mal?*».

Una vez tomada la decisión, ponle una piedra encima y vete a pasear con la despreocupación. Si enseguida te das cuenta de haber decidido bien, autofelicítate. Sin embargo, si descubres que la elección no ha sido de las más acertadas, no pasa nada. Solamente quiere decir que te has equivocado... simplemente... humanamente.

No hay nada más natural.

Recuerdaaaaa...

A VECES, LA DUDA DE HABER ELEGIDO MAL PROVOCA MÁS DAÑOS QUE LA EVENTUAL DECISIÓN EQUIVOCADA.

Probablemente te haya molestado tener que leer el fragmento de la página anterior, más pequeño de lo normal.

No es un error.

Es un recurso mío para acostumbrar a tus ojos (y a tu mente) el paso de algo claro a algo menos claro.

Si te entrenas a aceptar bruscos cambios negativos en un nolibro, te acostumbrarás a aceptar bruscos cambios negativos en la vida.

Recuerdaaaaa...

Para vivir felices, hay que acostumbrarse a pasar fácilmente de una situación cómoda a una incómoda, de la holgura a la estrechez... de lo fácil a lo difícil, de más a menos.

Ahora retomaré el carácter tipográfico normal (si se puede decir).

Aceptar los propios errores

Cuando te des cuenta de haberte equivocado, acepta serenamente tu error. Desecha rápido de la mente el pensamiento de no ser bueno por haberlo cometido, y predisponte con renovada energía a afrontar la nueva situación.

Pensando una y otra vez en el error cometido, no haces más que añadir al daño económico sufrido, las befas psicológicas del mal humor adquirido.

Cuando te des cuenta de haberte equivocado, no caigas presa del sentimiento de culpa.

¡Perdónateeeeee!

Equivocarse es humano.

¡Pobre de ti si no te equivocaras!

Sólo Dios no se equivoca.

¿Tú eres Dios?

* *

Cuando te des cuenta de haberte equivocado, piensa enseguida así:

¿Me he equivocado?

«¿Y?».

Quiere decir solamente que me he equivocado.

No debo culparme.

A pesar de que mi error haya tenido serias consecuencias, sigo siendo una persona que vale...........

y debo estimarme igualmente.

Quien no acepta haberse equivocado,
acrecienta el daño de su error.

Evaluar mejor los daños causados por el error cometido

Cuando te equivoques, no escuches a tu geniecillo maligno que te sugiere que te enfades enseguida... No creas que el daño sufrido sea necesariamente un daño.

En la vida nada está necesariamente bien y nada está necesariamente mal...... y es probable que lo que hoy consideras un daño, el día de mañana resulte ser una ventaja.

Si memorizas bien la mala experiencia, podrás utilizarla después en una vasta gama de situaciones similares...

... y eso te hará evitar peores problemas futuros.

> *Al equivocarse se sale perdiendo al principio,*
> *pero se gana después.*

Aceptar los propios fracasos

Cuando no logres algo, acepta serenamente el fracaso.

No intentes girar la tortilla para evitar reconocer que no lo has conseguido.

Evita la cómoda, pero peligrosa, escapatoria de echar la culpa a los demás o a la mala suerte.

Piensa tranquilamente: «*No lo he conseguido*».

Un fracaso no es una señal de que eres una persona estúpida, es sólo un fracaso.

Cuidadooooo...

... no confundas una estupidez cometida con ser estúpido,

... no confundas el fracaso de un proyecto tuyo con tu fracaso.

Aunque te suceda una serie más bien larga de fracasos, sigues siendo una persona de valor. Y debes aceptarte, debes quererte igualmente.

Piensa a menudo así:

> *¿No lo he conseguido?*
> *Bueno, acepto mi fracaso.*
> *No me culparé.*
> *A pesar de todo, mantengo mi dignidad....... y debo valorarme igual.*

Un consejooooooo...

Cuando el polvo de la derrota te empañe los ojos...

... no te dejes arrastrar por la autocrítica!...

... ¡no te dejes ofuscar el alma!...

... ¡no cedas al abatimiento!...

... ¡no te rindas!...

Levántate y retoma el camino con renovada energía.

Y tus días ya no serán más grises.

.... Y tu vida se teñirá de color rosa.

> *Quien acepta las debilidades propias..........*
> *ya es más fuerte.*

No hay que dejarse trastornar
por las críticas de los demás

Cuando te equivoques, no le des importancia a los ataques de los que te infravaloran. Hazles que choquen con la coraza de tu autoestima.

La persona que te critica es alguien psicológicamente ignorante, poco capaz de comprender.

¡Perdónale!

No es consciente de lo que hace.

Pero...

... no te dejes impresionar...

... no dejes que te hieran el orgullo...

... no creas que eres inferior a nadie por el hecho de haberte equivocado.

En el mundo no existen individuos inferiores a otros (ni superiores), sino personas: personas que se equivocan más y personas que se equivocan menos, y tienen todas el mismo valor... el valor intrínseco de todos los seres humanos.

Por tanto, te lo ruego...

Cuando te equivoques, no pienses en el juicio negativo de los demás.

Pero, sobre todo, no pienses en tu juicio negativo.

... Y el viento de tu valor barrerá las nubes de tus temores.

... Y el cielo de tu vida se teñirá de color azul.

.... Y será un lindo vivir.

Los estúpidos no son los que se equivocan,
sino los que consideran estúpido al que se equivoca.

La confianza en sí

Quizá no tengas mucha confianza en tus ideas, por eso cualquier proyecto tuyo ya lleva la marca del fracaso.

Quizá no tengas plena confianza en las acciones que llevas a cabo, por eso muchas de las cosas que inicias llevan intrínseco el germen del fracaso.

Quizá no tengas mucha confianza en la vida y por eso tu vida se torna cada día menos viva.......... Extingues cada entusiasmo... te dejas vencer por el pesimismo... te rodeas de indiferencia..., te dejas arrastrar por la inercia.

¡Venga!... ¡Va!... ¡Ponte en movimientooooo! Abandona tu cómoda posición actual.

¡Ten más confianza en ti!...

...¡y mira hacia lo alto!

Te esperan días mejores...

... te espera una vida mejor.

.... La vida no espera.

> *La vida es como el mar:*
> *mientras más se evita navegarlo...*
> *más riesgo hay de naufragar.*

Recuerda

PARA VIVIR FELIZ, DEBO REDUCIR EL TEMOR A ERRAR

¿Quieres hacer algo felicible?

De lo que has leído hasta ahora escribe las frases que más te han impresionado... y pega la hoja en la cocina, de forma que puedas leerla a menudo.

Eso te hará pasar mejor tus días.

¡Venga!... ¡Va!...
¡Escribeee!... ¡¡¡Pégala!!!
¡Escribeee!... ¡¡¡Pégala!!!
¡Escribeee!... ¡¡¡Pégala!!!
¡Escribeee!... ¡¡¡Pégala!!!
¡Escribeee!... ¡¡¡Pégala!!!
¡Escribeee!... ¡¡¡Pégala!!!
¡Escribeee!... ¡¡¡Pégala!!!
¡Escribeee!... ¡¡¡Pégala!!!

¡Escribeee!... ¡¡¡Pégala!!!

COMUNICAR A MENUDO

Comunicar es una actividad mental importantísima...
... los beneficios psicológicos que produce el saber comunicar son numerosísimos...
... harían falta varios libros para describirlos.

Durante la comunicación...
... no son dos cuerpos que se encuentran...
... dos rostros que se miran...
... dos bocas que hablan entre sí...
... dos mentes que intercambian conceptos...,
... sino dos almas que se transmiten entre sí:
sus sensaciones más auténticas,
sus emociones más íntimas,
sus sentimientos verdaderos.

Durante la comunicación...
... las propias necesidades...
... las propias convicciones...
... las propias intimidades...
... las propias defensas...
                ... se encierran bajo llave...
                ... y nos dejamos llevar.

Salen así de la profundidad de la propia conciencia las emociones más auténticas, los pensamientos más recónditos, el Yo más verdadero.
Poco a poco se alcanza una dimensión fantástica, maravillosa... fuera del espacio y del tiempo, del cómo y del por qué: la dimensión del *Ser*.
Son momentos únicos, infinitos: momentos mágicos en los que se descubre la propia esencia... y se disfruta de ella.
No se cambian ni por todo el oro del mundo.

Comunicar es conseguir hacer sentir al otro lo que se siente... y (al mismo tiempo) conseguir sentir lo que el otro siente...

... y es entrar en el otro y hacer entrar al otro en sí...

... y es comprometerse totalmente con el otro, «fundirse» con él.

Comunicar le hace bien al corazón porque lo hace latir al unísono con otro corazón...

... y le hace bien a la mente porque la conduce hacia nuevas intimidades...

... y le hace bien al alma porque la eleva por encima de la soledad universal.

Son momentos en los que los dos «Yo» pierden su identidad individual y forman una única entidad psicológica: el «Nosotros».

Comunicar plenamente es bellísimo, fantástico, maravilloso.

¡Ah, cómo me gustaría enseñarte a comunicar!

¡¿Cómo se hace?!...... ¡¿Cómo se hace?!

Ya lo tengo... Usaré el método directo... Intentaré comunicarte lo que siento....... Creo que es realmente una buena idea.

Un consejooooooo...

¡Déjate llevar!... y ponte en sintonía conmigo... e intenta captar mis estados de ánimo... y esfuérzate por escuchar la voz de mi corazón.

Conseguirás aprender el arte de comunicar más fácilmente, mejor que a través de todas mis bonitas explicaciones.

¿Preparados?

Veamos qué puedo transmitirte en este momento.

Veamos lo que siento.

¡Ah! ¡sí! ¡Lo tengo!

En este momento noto una sensación de íntima serenidad... algo transparente que nace de lo más profundo de mi alma
y se extiende en ella.
Es una sensación dulcísima, purísima, ligerísima.
Me hace vibrar de alegría.

Ahora intento comprender cuáles son los pensamientos
que han generado mi estado de ánimo.
¡Ah!... ¡...Sí!... ¡...Aquí están!...
Espera un momento. Intento traducirlos con palabras.

Siento... sí........ siento que la vida es bella.
No distingo bien las palabras porque es una sensación. Pero siento que la vida es bella... ¡es bella! ¡es bella! ¡es bellaaaaa!

Poder ver que mi bolígrafo verde danza sobre los folios en
blanco que tengo delante...
... poder escuchar «Sueño» de Schumann como estoy haciendo
en este instante...
... poder sentir el aroma del café que está saliendo de mi taza...
... y ser capaz de gozar de todo ello... es bello, créeme. ¡Es bello!
¡Es bello! ¡Es bellooooo!

En este momento siento... sí....... siento que te quiero.
Y es bello sentir que se quiere a alguien que no se ve y no se co-
noce.
Ahora estoy sonriendo...
... porque me viene a la cabeza que soy un estúpido por decirte
estas palabras... que todo esto es absurdo.
Pero supero este temor mío, y te lo digo, es más, te lo repito.
Quienquiera que seas, dondequiera que estés, hombre o mujer,
rico o pobre, culto o ignorante, del norte o del sur.......................
«T e   q u i e r o ».
¡Es bellísimo¡ !Es maravilloso!
Te lo comunico con todo el corazón y con la esperanza de que
un día tú también puedas disfrutar como estoy disfrutando yo
ahora.

En este momento siento una sensación de duda.

Pienso que quizá tú no consigas imaginar cómo me puedo comunicar contigo sin poder hablarte directamente, sin que mi cuerpo esté junto al tuyo.

Te ayudaré.

Verás........... Yo soy un pensamiento: una entidad abstracta que circula por el universo. También tú eres un pensamiento que, como yo, circula por el universo.

Sin embargo, nosotros dos nos hemos encontrado.

¿Dónde?......................... Aquí en estos trozos de materia que los hombres llaman papel.

Lo que estás leyendo soy yo que me comunico contigo mediante estas manchitas de tinta llamadas palabras.

Y, mientras me lees, estoy ahí contigo, ¿comprendes?

Y me siento feliz de estar contigo.

Quizá esto te parezca absurdo. Pero no lo es, créeme. Dos cuerpos necesitan estar cerca, verse, escucharse, tocarse para comunicar... dos pensamientos, no...

... dos pensamientos pueden comunicarse entre ellos dondequiera que estén... incluso a diez mil kilómetros de distancia, aunque lo que uno transmita en un momento dado pueda ser «recibido» por el otro mil años después.

Todo ello gracias a unos trozos de materia que los hombres llaman hojas de papel.

Lo creas o no, en este momento nosotros dos estamos más cerca que muchas personas que viven juntas pero no se comunican.

Lo creas o no, yo ahora estoy ahí contigo, muy cerca de ti, dentro de ti: en tu mente, en tu corazón, en tu alma...

... y tengo un gran deseo de enseñarte a amar más la vida, porque siento que tú no la amas inmensamente como yo.

... y tengo unas ganas enormes de ayudarte a ser más feliz, porque siento que tú no eres tan plenamente feliz como yo.

En este momento me invade una gran alegría. He comunicado contigo, y soy feliz por haberte regalado lo más profundo de mí..., pero también tengo una sutil sensación de inquietud, porque pienso...

... que quizá no hayas «sentido» todo lo que te he transmitido,

... que quizá no comprendas mi extravagante forma de expresarme,

... que me tomes por un loco de atar,

... que este extraño modo de escribir que tengo limitará el éxito de este nolibro,

... que no ganaré mucho y seguiré teniendo los mismos problemas económicos de siempre,

... que......... que......... que.........

Pero venzo estos temores míos y te lo digo, es más, te lo repito. Siento que la vida es bella, soy feliz de haberme comunicado contigo, y de haberte transmitido mi alma, y de haberte regalado mi alegría de vivir.

Y te repito también: « T e   q u i e r o ».

     Al diablo mis dudas

Al diablo mis temores.

Al diablo las tácitas, las estúpidas leyes que los escritores deben respetar.

Quien transmite un poco de alegría a los demás,
se transmite mucha a sí mismo.

Recuerda

PARA VIVIR FELIZ,
DEBO COMUNICAR
LO MÁS A MENUDO POSIBLE

¿Quieres hacer algo felicible?

Cuando salgas de casa llévate este nolibro contigo... y léelo en desorden en los momentos «muertos» de tu jornada (mientras esperas, mientras estás en una cola, etc.).

En cada página aparecen en negrita unas frases positivas. Mientras más las leas más las memorizarás, más podrás combatir aquellos pensamientos negativos que tienes en la mente... y aprenderás mejor el arte de vivir felices.

¡Venga!... ¡Va!...
Lleva siempre este nolibro contigo.
Lleva siempre este nolibro contigo.
Lleva siempre este nolibro contigo.
Lleva siempre este nolibro contigo.
Lleva siempre este nolibro contigo.
Lleva siempre este nolibro contigo.
Lleva siempre este nolibro contigo.
Lleva siempre este nolibro contigo.

ACEPTAR

Las cosas más importantes de la vida

¿Qué quieres de la vida?
¿Más salud?... ¿Más dinero?... ¿Más amor?... ¿Más estima?
Sí, estoy de acuerdo contigo, éstas son las cosas más importantes de la vida..., pero no bastan para garantizarte una felicidad duradera.

Para vivir feliz, verdaderamente feliz, plenamente feliz, se necesitan otras dos cosas, que son más importantes que la salud, el dinero, el amor y la estima juntos: EL DOMINIO DE TI Y LA SERENIDAD INTERIOR.

Si no tienes un buen dominio de ti, difícilmente conseguirás obtener lo que deseas de la vida...

... y si no tienes una buena serenidad interior, difícilmente lograrás gozar de lo que obtengas.
Será como si no hubieras logrado nada.

Hacer nacer (y hacer crecer) en ti estas dos fantásticas hijas de la mente, no es tan difícil.
Los esfuerzos que debes hacer no son enormes... Dinero no te hace falta... Las amistades de altas esferas no te sirven.... No necesitas suerte... Y basta con un poco de inteligencia.
Pero hay algo que necesitas mucho: la voluntad.

Si quieres, si quieres de verdad tomar plena conciencia de ti... si deseas aumentar ardientemente tu serenidad interior... si tienes la firme intención de hacer que tu vida actual sea maravillosa..., entonces lo conseguirás.
Sólo debes poner manos a la obra e intentar superar los obstáculos que se interpongan entre tus metas y tú.
Al primer obstáculo que superes, tu geniecillo benigno te hará pensar: *«Lo he conseguido... Eso quiere decir que soy más fuerte de lo que pensaba».*

Este pensamiento positivo estimulará tu autoestima y aumentará tu fuerza moral... y el próximo obstáculo será menos duro de superar... y tu fuerza moral aumentará... y el obstáculo sucesivo será menos arduo.

Es una espiral que se extiende hasta el infinito, una espiral maravillosa que puede hacerte alcanzar el cielo.

¿Qué quieres de la vida?.............. ¿Ser feliz?
.... Entonces, debes luchar.

Debes lanzarte de cabeza en la guerra contra tu peor enemigo: tú.

Debes hacer y deshacer.

Equivocarte y volverte a equivocar.

Ganar y perder.

Reír y llorar.

Gozar y sufrir.

Sólo así podrás deshacerte de las cenizas que cubren tus «apagados» días y reavivar el fuego de tu vida.

Sólo así podrás encontrarte codo a codo con la alegría por los senderos infinitos de la felicidad.

.... Y será un lindo vivir.

Para ser felices hay que luchar. Para ser infelices no hay que hacer nada.

¿La página precedente estaba en horizontal?

¿Te ha molestado cuando lo has visto?

¿Sí?

¡Pero bueno!... ¡Pero bueno!... ¡Pero bueno!

Verás...

Si te fastidian, aunque sea un poco, los inconvenientes de este nolibro, que no tienen ningún valor... ¿cómo harás para mantener tu serenidad interior frente a los inconvenientes de la vida, que tienen mucha más importancia?

Todavía debes mejorar, no cabe duda.

¡Entrena!... ¡Entrena ahora conmigo!... ¡Entrena con este nolibro!

Si te mantuvieras perfectamente imperturbable ante los inconvenientes de este nolibro sólo te fastidiarán un poco los inconvenientes de la vida.

Fácil, ¿verdad?

Pues vamos allá.

Aceptar las pérdidas que se sufren

La poca felicidad es hija de acontecimientos que representan una pérdida.

Puede tratarse de una pérdida de dinero, de tiempo, de bienes.

Puede tratarse de una pérdida de amor, de afecto, de amistad.

Puede tratarse de una pérdida de estima, de prestigio, de poder.

Puede tratarse de una pérdida de seguridades (presentes o futuras).

Cada pérdida va acompañada de una reacción de rabia... Es una reacción normal, normalísima. Es imposible que no la tengas.

Sin embargo, los problemas nacen cuando la rabia es desproporcional al daño sufrido... y se vuelven grandes si ésta viene acompañada de cavilaciones dañinas.

En estos casos, ¿sabes lo que hay que hacer para no devanarse los sesos?

Hay que usar un simplísimo, pero muy eficaz, recurso psicológico: **la aceptación**.

La aceptación es un diálogo con uno mismo, durante el cual el geniecillo benigno (la parte racional de la propia mente), convence gentilmente al geniecillo maligno (la parte irracional) de la absoluta inutilidad de enfadarse por una pérdida sufrida.

La aceptación bloquea desde el principio los desafortunados autodesgastes del tipo:

«¡Vaya! Estoy perdiendo un montón de tiempo»
«¡Maldita sea! Estoy perdiendo una buena cantidad de dinero»
«¡Caramba! No me sale ni una bien»
«Pero, ¿por qué tenía que ocurrirme esto justo a mí? ¡Qué desgraciado soy!».

La aceptación es un proceso de pensamiento que reduce el enfado que se siente cuando algo no va como debe ir.

Pero será mejor que te ponga algún ejemplo.
A veces los ejemplos valen más que muchas explicaciones.

Como reducir la rabia.

Cuando sufras una pérdida, piensa esto:

¡Basta! En este momento siento rabia porque estoy sufriendo una pérdida.

ACEPTACIÓN

Reflexionando me doy cuenta de que, después de todo, no es una pérdida tan grave. No he perdido la vista, o el oído, o el funcionamiento de cualquier miembro. En ese caso sí que habría debido sentir rabia.

A pesar de lo malo que me está sucediendo..., ¿vivo y estoy bien? ¡Eso es!... Esto es importante.

Por tanto, no me enfadaré más de lo justo.

Como «digerir» las pérdidas sufridas.

Cuando tu mente se sumerja en el pasado y se encuentre con una pérdida sufrida hace algún tiempo, réstale importancia y emplea un pensamiento «corrector» de este tipo:

¡Basta! ......

En este momento siento rabia porque estoy recordando una pérdida sufrida.

ACEPTACIÓN

No debo enfadarme. No debo ponerme nervioso.

Ya pasó. ¿Para qué disgustarme?

Debo aceptar la pérdida.

No debo pensar más en ello. Enfadarme no sirve de nada.

Un consejoooooo...

Aprende de memoria la palabra «aceptación»... grábala con fuego en tu mente... haz que siempre te acompañe, que respire contigo, que duerma contigo, de forma que te venga a la conciencia mil veces al día, preparada para intervenir en cada circunstancia negativa.
Te ayudará a cicatrizar enseguida las heridas de la vida.
Te ayudará a entrar en el mundo de la serenidad.
.... Te ayudará a vivir feliz.

> *Cuando algo se tuerza,*
> *lo primero que hay que hacer para enderezarlo es...*
> *no enfadarse.*

Aceptar
los inconvenientes sociales

La vida no es todo rosas, sino también espinas. Y a menudo las espinas son más numerosas que las rosas y que el resto de las flores, especialmente en la sociedad actual, que está loca, loca, loca.

Ya son pocos los servicios que funcionan bien... pocas son ya las personas que se comportan correctamente... pocos son ya los buenos momentos.

Los inconvenientes sociales suscitan siempre generosas cantidades de mal humor.

¿Los puedes eliminar?
No.

Sólo puedes reducir la intensidad y la duración de los inevitables enfados que te producen.

¿Cómo?
Con la aceptación.

¿Cuántas veces un atasco de tráfico te ha bloqueado durante decenas de minutos?...

... ¿y el teléfono se ha quedado mudo durante días y días?...

... ¿y cuántas veces en una oficina pública has tenido que esperar, cruzando el límite de la paciencia, a que te atendieran?

Éstas son sólo tres de las miles de cosas que no van como deberían, y te proporcionan ríos de pequeñas frustraciones diarias.

Si estás a un paso de la rigidez mental, que no te hace aceptar todo eso, estás en el camino de la infelicidad.

Sin embargo, **debes esforzarte por aceptar.**

Debes convencerte de que es perfectamente normal que los objetos adquiridos se estropeen pronto, que los servicios públicos funcionen mal, que la gente intente aprovecharse.

Vives en una sociedad fundada en el beneficio, en la ventaja, en la explotación de hombres y cosas.

Cada uno hace lo que le conviene a él, sin preocuparse mínimamente por los daños que puede causar a los demás..........

Por tanto, es normal que las cosas no vayan como deberían. Lo anormal sería lo contrario: que todo funcionara perfectamente.

Yo me asustaría muchísimo si en el centro no encontrara tráfico... Y me daría un colapso si encontrara aparcamiento nada más llegar........ Me quedaría atónito si consiguiera pagar el recibo de la luz en menos de veinte minutos, y me desmayaría si el empleado me sonriera.

¿Tú qué haces cuando hace frío en invierno?

¿Te enfadas con el mal tiempo o te pones un buen jersey de lana?

Pues bien...

Si ponerte un jersey es la mejor reacción posible contra el frío, aceptar serenamente es la mejor reacción posible ante un inconveniente social.

....

Cuando un obstáculo imprevisto interrumpa tu camino, intenta pensar así:

Debo aceptar este inconveniente.

No debo enfadarme.

No debo sentirme molesto más de lo normal.

En la sociedad actual es normal que ocurran cosas de ese tipo. Por tanto, aceptaré serenamente la pérdida de tiempo (o de dinero) que estoy sufriendo.

*　　*　　*　　*　　*　　*　　*　　*　　*

La vida no es todo rosas, sino también espinas. Y, a menudo, las espinas son más numerosas que las rosas y que el resto de las flores. Pero en esta sociedad son numerosísimas.

¿Quieres vivir feliz?

Aprende a aceptar los males de esta sociedad.

Aprende a aceptar inconvenientes e imprevistos, embustes y engaños, prevaricaciones e injusticias, falsedad e hipocresía, retrasos, huelgas, baches, interrupciones, atascos, etc.

Y (como ocurre sobre las impermeables hojas del nenúfar) resbalarán sobre ti, sin mojarte, las mil gotitas de frustraciones, de rabia y de mal humor diarios.

Y podrás aumentar tu imperturbabilidad.

Y la felicidad llamará a menudo a tu puerta.

Quien se enfada por un daño sufrido,
aumenta el valor del daño.

Aceptar la falta de orden

¿¡Quién ha dicho que el desorden es malo!?

Al contrario, es bueno.

El desorden es típico del ser humano. El orden es típico de los robots.

¡Ay de mí si en casa me encontrara papel y lápiz cerca del teléfono!.......... Sería el fin.

Es tan humano decirle a quien está al otro lado del teléfono: «*Un momentito, que busco papel y lápiz*».

Hay que distinguir el desorden sano del desorden.

El desorden sano es buscado, es querido, es fantasía, es creatividad.......... El desorden es incapacidad de ordenar..... porque no se tiene tiempo... porque se vive una vida desordenada.

En este momento sobre mi escritorio hay un perfecto desorden.

¿Pero tú te imaginas mi escritorio en orden?

¡Imposible!........ Para mí sería una tragedia.

No conseguiría nunca escribir lo que estás leyendo. Te transmitiría sólo fríos conceptos, no mi alma.

Tú querrías más orden a tu alrededor...

Quizá querrías que en la ciudad los automóviles estuvieran en sus aparcamientos y no en doble fila...

En casa querrías que el tapón de la pasta de dientes estuviera con su tubo, no apoyado en la pica... que el pan estuviera en su panera, los quesos en la quesera, y así con todo.

¡Nunca ocurrirá!

Sería el fin.

El orden (aunque por orden se entienda orden al 75%) no existe. ¡Ay si existiera!

Si cada vez que buscas algo lo encuentras rápido... si tus cosas están siempre en su lugar...

... si tu casa está siempre perfectamente limpia y en orden...

... entonces quizá es el momento de empezar a preocuparse.

Significa que tú y tus familiares habéis dejado de ser personas y os habéis convertido en máquinas: máquinas humanas.

Con esto no quiero sugerirte que conviertas tu casa en un mercadillo........... Sólo quiero decirte...........

¡No te preocupes demasiado por el orden! ¡Acepta serenamente la falta de orden! No pretendas demasiado orden: del mundo, de los demás, pero sobre todo ¡de ti!.

Piensa a menudo así:

Cuando vea desorden...
no debe fastidiarme más de lo normal.
Debo aceptarlo serenamente.
Es mi rigidez mental la que me hace ser perfeccionista.
Tengo que intentar reducirla; de lo contrario, no conseguiré nunca vivir feliz.

◇◇◇◇◇◇◇◇◇◇◇◇◇◇◇◇◇◇◇◇◇◇◇◇◇◇◇◇◇◇◇◇◇◇◇◇◇

¿Quién ha dicho que el desorden es algo malo?
Al contrario, es bueno.

La vida no es ordenada, lineal y perfecta como te gustaría; es complicada, desordenada, enmarañada.

¿Quieres vivir feliz?
Aprende a aceptar el desorden.
Aprende a convivir con el desorden.
Y todo te parecerá ordenado.
Y el mundo te parecerá perfecto.

.... Y será un lindo vivir.

> *El perfeccionista es aquel*
> *que le encuentra algún defecto a todo,*
> *menos donde verdaderamente lo hay… en sí mismo.*

Aceptar la diversidad de los demás.

Quizá tú también tengas la costumbre instintiva de emitir sobre los demás juicios sin reflexionar, fijos e irrevocables.

Quizá te dejes influenciar por tu geniecillo maligno... y percibes antes los defectos que las cualidades de la gente que acabas de conocer.

De ahora en adelante, no cometas más ese error...

¡No juzgues a los demás!

◇◇◇◇◇◇◇◇◇◇◇◇◇◇◇◇◇◇◇◇◇◇◇◇◇◇◇◇◇◇◇◇◇◇◇

¿Una persona se ha comportado mal contigo?

Evita ponerle la etiqueta de «mala».

Puede ser que sea una persona buena, pero que en aquel momento haya escuchado a su geniecillo maligno.

Puede ser que el suyo no fuera un mal comportamiento, sino sólo diferente del que habrías adoptado tú en la misma circunstancia.

Pueden ser muchas cosas.

Cuando el tribunal de tu juicio esté a punto de emitir sentencias, bloquéalo con un pensamiento «corrector» de este tipo:

¡Basta!...
¿Esa persona se ha comportado mal conmigo?
¿Y?
Sólo significa que se ha comportado mal en esa circunstancia.
Nada más.
No debo considerarla mala.

Tú querrías que los demás pensaran como tú, que no pusieran en duda esos conceptos tuyos que seguramente consideras justos...

... y querrías que se comportaran siempre correctamente...

... y querrías que comprendieran tus sentimientos y los compartieran.

Por desgracia eso no ocurre.

Y te sientes mal... y te enfadas... y te involucras en mil batallas verbales para demostrar que tú tienes razón.

A veces, quizá, intentas cambiar a los demás.

Y desperdicias tiempo y energías en el intento.

Y desperdicias millones de palabras.

Al final, te das cuenta de que es todo inútil... Los demás no quieren comprender que se equivocan, no quieren comprender en absoluto el modo justo de ver y de hacer las cosas: el tuyo.

¿Quieres arruinarte la vida preocupándote de lo que los demás hacen (o no hacen) o quieres gozar de ella?

Entonces ACÉPTALOS como son..., aunque se equivoquen, aunque no comprendan nada, aunque no sepan vivir.

¿¡Qué te importa si las personas que frecuentas no aprecian en absoluto algo con lo que tú estás entusiasmado!?

¿¡Qué te importa si las personas que quieres no comparten tus buenas ideas, tu buen gusto, o tu amor por algo!?

Me parece oír tus desafortunados juicios: *«Eso no está bien»*, *«Lo que haces está mal»*, *«Fulanito tiene razón. Menganito se ha equivocado»*, *«Aquel objeto está bien allí»*, *«Aquel color es una patada en el estómago»*, *«A esa persona debías responderle así.»*

Un consejooooooo...

Si los demás no te hacen ningún daño emocional, acéptalos. Déjalos vivir como quieran.

Convéncete de que sólo tú piensas como tú... sólo tú ves, escuchas y sientes como tú.

Grábate con fuego en la mente el concepto de que existen tantas realidades, tantas verdades, tantas diversas opiniones sobre una misma cosa: tantas como personas hay en este mundo.

¿Quieres hacerle un gran favor a tu geniecillo benigno?
Suaviza un poquito tus juicios sobre los demás... pensando a menudo así:

Debo aceptar a los demás...
... tal y como son.

No debo creer que los que son distintos a mí se equivocan, o son estúpidos.

Por tanto, si no me causan graves daños, debo aceptarlos, *es decir, no debo molestarme cuando encuentre diferencias entre ellos y yo.*

Espera un momentito...

Se me ha presentado en la conciencia un pillo. Aquí lo tengo:

«QUIEN ESTÁ DEMASIADO SEGURO DE TENER RAZÓN, SEGURO QUE NO LA TIENE».

¡Qué horror! Se me ha presentado otro.

¿Te presento también a este otro? ¿Sí?

Está bien, aquí está:

CONVENCER A LOS DEMÁS PARA QUE PIENSEN COMO NOSOTROS ES DIFICILÍSIMO. PERO CONVENCERNOS DE QUE LOS DEMÁS NO PODRÁN NUNCA PENSAR COMO NOSOTROS, ES MÁS DIFÍCIL TODAVÍA.

Aceptar la mutabilidad de los demás.

Tú querrías que los demás fueran siempre los mismos, que no cambiaran nunca de opinión, de humor ni de sentimientos.

... y querrías también que se comportaran siempre de forma coherente y racional...

... y querrías que mantuvieran inalterado el comportamiento hacia ti.

De esta forma, tu relación con ellos sería previsiblemente normal... y no te desgastarías el cerebro para estar al día de sus cambios.

Pero los demás son seres humanos, y por tanto, naturalmente volubles e inconstantes. Y así, a pesar tuyo, recibes a menudo molestias causadas por su mutabilidad...

... Y viene cuando te enfadas.

¡Acepta la mutabilidad de los demás!

Sé más tolerante con las personas que cambian de ideas, de sentimientos, de formas de actuar.

Si no recibes graves daños emotivos, ¡acéptalas!

El mundo está en continuo movimiento... La vida es un fenómeno dinámico. La persona humana se transforma continuamente......... Por tanto, es normal en nosotros los seres humanos un cierto grado de mutabilidad.

No debes pretender que las personas piensen y actúen siempre de la misma manera, que las cosas se mantengan inmutables durante siglos.

¡Acostumbra tu mente a los cambios!

Intenta hacer que tu pensamiento sea más elástico. Acostúmbrate a la mutabilidad de los demás, a la incoherencia ajena y a la incertidumbre de las relaciones interpersonales.

La belleza de una relación radica en su dinamismo, en su evolución. Si es estática, es una no-relación.

La belleza de la vida radica en su incertidumbre. Si es estática, es una no-vida.

*   *   *   *   *   *   *   *   *   *   *   *

Quizá también tú creas que tu poca felicidad sea causada por los que viven junto a ti y por los que te frecuentan diariamente. ¡No caigas en esa falsa trampa!

Tu felicidad no depende de los demás, sino de ti...

... de cómo sabes tomarte la vida por el lado bueno,

... de cómo consigues desarrollar las cualidades que hay en ti,

... de tu capacidad de vivir el presente, de ver lo bello de cada cosa, de comprender, de gozar, de amar,

... pero, sobre todo, depende de que sepas vivir bien junto a los demás.

Y saber vivir bien junto a los demás es, principalmente, saberlos aceptar.

¡Aprende a aceptar a los demás!

Aprende a no evaluarlos, a no juzgarlos, a no clasificarlos, a no catalogarlos, a no «etiquetarlos», a no compararlos, y, sobre todo, a no manipularlos.

Así conseguirás construir con ellos buenas relaciones.

Conseguirás elaborar muchas relaciones de verdadera amistad.

Y la soledad ya no vendrá a llamar a tu puerta.

...... Y será un lindo vivir.

> *Para vivir feliz, el que tiene que cambiar es uno mismo…*
> *… y no intentar cambiar a los demás.*

Saber evaluar cuándo
no se debe aceptar algo

En los fragmentos precedentes te he aconsejado con verdadero ahínco que aceptes a los demás.

Pero, presta atención porque no he dicho que aceptar sea resignarse. He dicho que aceptar es la mejor primera reacción que puedes tener frente a cosas negativas que te ocurren y que no puedes cambiar.

Haz esto...

Si piensas que protestando por cualquier incorrección recibida no obtendrás nada (o poca cosa y con mucho esfuerzo), entonces acepta, resígnate serenamente.

Si, por el contrario, piensas que involucrarte en discusiones pueda cambiar algo para mejor, entonces no aceptes... y lucha.

Pero, para no aceptar, debes estar antes en condiciones de hacerlo... debes tener la fuerza... y la libertad requeridas para llevarlo a cabo.

Si, por ejemplo, dependes económicamente de alguien, debes soportar estoicamente cuando esa persona sea incorrecta contigo... de lo contrario, corres el riesgo de perder la aportación económica que recibes.

Si dependes afectivamente de alguien debes soportar estoicamente cuando esa persona es desleal para contigo... de lo contrario, corres el riesgo de perder la seguridad afectiva que te proporciona.

Por eso...

Si eres débil, si tienes demasiada necesidad, acepta (por lo menos al principio)... Mientras tanto, haz un trabajo personal para reforzarte en todos los aspectos.

Después, cuando tengas la suficiente independencia económica y afectiva, y la fuerza moral necesaria, además de bastante valor, podrás dar el salto de calidad y pasar a la segunda fase: *NO ACEPTAR E INTENTAR CAMBIAR LO QUE NO FUNCIONA.*

Pero, cuidado...

Intenta distinguir exactamente lo que puedes cambiar de lo que no puedes cambiar, de lo contrario te verás mezclado en inútiles peleas sin fin.

◇◇◇◇◇◇◇◇◇◇◇◇◇◇◇◇◇◇◇◇◇◇◇◇◇◇◇◇◇◇◇◇◇◇

Hay tantas cosas negativas en el mundo: guerras, gente que se muere de hambre, injusticias, todo lo que no funciona en la propia ciudad, personas que se comportan mal, defectos propios y ajenos, etc.

Puedes mejorar algunas de esas cosas, pero otras no....... Debes entender bien esto.

Por otro lado, no creas que sea fácil cambiar lo que no va bien, en el mundo, en los demás y en ti mismo.

No basta con quererlo.

Debes entregarte en cuerpo y alma, luchar, combatir.

Debes armarte de constancia... sacar la fuerza que llevas dentro... ser capaz de sufrir si es necesario, de echarte atrás si es conveniente, de doblegarte si es pertinente... para luego volver al ataque y conseguir mejorar: tú, tu vida, a los demás y el mundo.

A continuación te describo algunas situaciones en las que la no aceptación es más útil que la aceptación.

- Acepta de buen grado un retraso de quince o veinte minutos, pero no aceptes uno de más de media hora.
- Acepta también los retrasos esporádicos, pero no aceptes los sistemáticos.
- Acepta las incorrecciones de los demás, pero no las aceptes si te ocasionan graves daños emocionales.
- Acepta también que los otros te critiquen (si eso hiere sólo tu falso orgullo), pero no aceptes la maldad solapada que deteriora la estima y el afecto de tus seres queridos y amigos.
- Acepta también que tu pareja no te haga todas las demostraciones de afecto que deseas, pero no aceptes su indiferencia.
- **Acepta tus defectos. Pero no los aceptes (e intenta eliminarlos) si te hacen la vida difícil.**

> *Tragarse un sapo de vez en cuando, es lucidez.*
> *Tragárselo cuando es necesario, es sabiduría.*
> *Tragarse siempre sapos, es necedad.*

El valor del pensamiento

El valor del pensamiento es la estrella más resplandeciente del firmamento humano: infinitamente más bella que todas las demás...

... porque puede crear la belleza.

El pensamiento es la creación más amable del mundo: infinitamente más amable de lo que nuestro corazón entiende por amable... porque puede crear el amor.

El pensamiento nos regala la oportunidad de penetrar en la esencia de las cosas, de «fundirnos» con ellas, de trascenderlas incluso...

... y nos proporciona los instrumentos para conquistar en nuestra vida las cimas más altas de la felicidad.

Pero desgraciadamente no lo usamos bien... y nuestra vida se detiene en la llanura de la poca felicidad.

Nosotros usamos el pensamiento sobre todo para evaluar si algo puede hacernos bien o mal, si una actividad nuestra es rentable o no, si un comportamiento nuestro es conveniente o no. Raramente lo usamos para conocer más, para entender más, para crear desinteresadamente. Raramente lo usamos para maravillarnos, para gozar, para amar de verdad.

Es una gran lástima. Es una gran ofensa hacia el que nos lo ha proporcionado, el que nos ha creado.

Debemos aprender a pensar más y mejor, no cabe duda. Debemos intentar desarrollar nuestras inmensas capacidades mentales.

Porque es el pensamiento el que puede hacernos vivir más felices, no el oro, las comodidades, las seguridades, el éxito, los afectos y los amores del mundo.

Porque él, y sólo él, es quien puede hacernos alcanzar el cielo.

.... Y cuando se vive en lo alto, vivir es un lindo vivir.

Nosotros somos como un automóvil:
la «casa constructora» nos ha proporcionado un motor
potentísimo como el de un Ferrari,
pero nosotros no sabemos usarlo
y viajamos lentos y mal como en un seiscientos.

Recuerda

PARA VIVIR FELIZ
DEBO ACEPTAR

¿Quieres aprender a aceptar?

Arranca una esquina de esta página e...

... intenta aceptar tranquilamente el hecho de que esté rota.

¿Quieres aprender a aceptar?

Arruga la página siguiente... y acepta luego leerla, aunque no esté perfecta...

... y acepta tener en tu nolibro una página a la que le falta una esquina y otra arrugada.

¡Venga!... ¡Va!...

Nadie te condenará por hacerlo.

¡Venga!... ¡Va!...

A menudo la felicidad depende de la capacidad de hacer cosas que a primera vista parecen de escasa importancia.

¡Venga!... ¡Va!...

Arranca una esquina de esta página y arruga la siguiente.

¡Venga!... ¡Va!...

Arranca una esquina de esta página y arruga la siguiente.

¡Venga!... ¡Va!...

Arranca y arruga

Arranca y arruga

Arranca y arruga

Arranca y arruga

Arranca y arruga

Arranca y arruga

Arranca y arruga

Arranca y arruga

Arranca y arruga

Arranca y arruga

Arranca y arruga

Arranca y arruga

ESTAR A MENUDO
CON LA MENTE EN EL PRESENTE

La impaciencia de vivir

Quizá tú también seas una de esas mil hormigas ciudadanas atrapadas en la rutina cotidiana.

Y corres de acá para allá de la noche a la mañana... Y haces esto... y te interesas por aquello otro... E intentas realizar lo de más allá.

¡Detente un momento!

No seas impaciente............ De vez en cuando róbale unos minutos a tu rutina diaria y....... dedícate tiempo a ti mismo.

Quizá algún día te arrepientas de no haber saboreado mejor algunos momentos de tu vida.

¡Detente un momento!

No estés impaciente por alcanzar tu futuro... El mañana llegará antes de lo que imaginas.

Y quizá un día quieras volver a donde estás ahora, pero no puedes hacerlo.

¡Detente un momento!

No seas impaciente....

No vayas siempre corriendo sin disfrutar del camino.

No persigas la felicidad.

... será ella la que venga en tu busca...

.... Y será un lindo vivir.

> *Muchísimos corren, corren hacia la meta,*
> *pero, cuando finalmente la alcanzan,*
> *se dan cuenta de que estaba en otro lugar.*

Concentrarse a menudo
en el momento que se está viviendo

Intenta analizarte, de vez en cuando, durante el día y te darás cuenta de que pocas veces estás con la mente donde estás con el cuerpo.

Hay dos dimensiones temporales en las que tus pensamientos van a curiosear a menudo: el pasado y el futuro.

A veces te trasladas a un acontecimiento desagradable del pasado y revives las feas sensaciones relacionadas con él, o le das demasiadas vueltas a los errores cometidos en aquella ocasión.

Sin embargo, otras veces te pones a pintar buñuelos de cristal, pero cometiendo el clásico error de ponerte o demasiada cantidad de azúcar, o demasiados ocios violetas.

Y tú, mientras tanto, ¿dónde te encuentras?
O en el aluminio cocido o en las botellas hervidas.
Pero así es como si no se fundiera.
Porque fundir es cabalgar girando en los lápices de tiza.

¿ ? ¿ ? ¿ ? ¿ ? ¿ ? ¿ ? ¿ ?

No entiendes este último fragmento, ¿verdad?
He escrito adrede las tonterías que acabas de leer.
¿Por qué?........ Porque quiero facilitarte la comprensión de la reina de las buenas costumbres: la aceptación.

Ahora te explico.

Tú estabas leyendo tranquilamente.
El fragmento estaba estructurado, era armónico y coherente... Tu mente no encontraba ninguna dificultad en comprender el significado de las frases, seguía un itinerario lógico, esquemas racionales... Todo iba bien... De repente, ha ocurrido algo imprevisto, extraño, anormal. Has encontrado palabras sin sentido.

¿Cómo has reaccionado?
¿Te ha molestado? ¿Has perdido la orientación? ... Has pensado enseguida: «*Este Omar Falworth está más loco que una cabra*». Entonces te aconsejo vivamente que vuelvas a la página... ¡ay!, perdona, no hay páginas... entonces vuelve al fragmento «ACEPTACIÓN DE LOS INCONVENIENTES» y léelo por lo menos dos veces más.

¿Has mantenido la calma y has intentado comprender lo que estaba ocurriendo?

¡Felicidades!

Has aprendido el arte de la aceptación.

Toparse con un fragmento sin sentido mientras se lee un no-libro...

...es como encontrar obstáculos a lo largo del camino...

...es como encontrarse de repente a oscuras...

...es como conocer a personas extrañas, lugares extraños, lo extraño de uno mismo.

Si uno se acostumbra a mantenerse perfectamente calmado y sereno ante los inconvenientes, ante la diversidad y las rarezas de un nolibro, logrará mantenerse bastante calmado y sereno ante todo lo malo que produce este loco, loco, loco modo de vivir.

Este nolibro es un poco como la vida.

Nosotros empezamos a recorrer la vida convencidos de que nuestro viaje será sereno y sin percances. Pero en realidad, el viaje nunca es perfecto como quisiéramos nosotros.

A veces encontramos baches.

Otras veces, la carretera está interrumpida.

Otras veces se estropea nuestro automóvil.

O nos toca hacer largas colas.

Así es este nolibro.

Durante tu viaje dentro de él ocurre de todo:

frases sin sentido,

extrañas expresiones de su extraño autor,

cambio continuo de color de impresión,

cambio continuo de caracteres tipográficos,

palabras que no existen,

Si consigues no molestarte por todo lo que no te permite seguir bien la lectura de este nolibro, te fastidiará poco todo lo que no deja que tu vida fluya bien.

Este nolibro es un poco como la vida..., pero tiene una enorme ventaja sobre ella...

Cuando llegues a la última página, podrás volver atrás perfectamente y leerlo mejor que la primera vez: disfrutarlo más, recrearte más en su belleza, «sentir» más el alma de su creador (mi alma).

En cambio, cuando llegues al último día de tu vida, no podrás volver atrás para disfrutarla más, para recrearte más en su belleza, para sentir más el alma de Dios en todas las cosas.

¿Quieres saber una terrible, pero utilísima verdad?

ALGUNOS EMPLEAN LA VIDA PARA APRENDER A VIVIR. DESPUÉS, CUANDO FINALMENTE PODRÍAN DISFRUTARLA... MUEREN.

Ahora puedes retomar la lectura normal.

Para facilitártela, he repetido el fragmento precedente desde el principio.

Concéntrate a menudo en el momento que estás viviendo

Intenta analizarte, de vez en cuando, durante el día y te darás cuenta de que pocas veces estás con la mente donde estás con el cuerpo.

Hay dos dimensiones temporales en las que tus pensamientos van a curiosear a menudo: el pasado y el futuro.

A veces te trasladas a un acontecimiento desagradable del pasado y revives las feas sensaciones relacionadas con él, o le das demasiadas vueltas a los errores cometidos en aquella ocasión.

Sin embargo, otras veces te pones a pintar el cuadro de tu futuro, pero cometiendo el clásico error de ponerle o demasiado gris o demasiado rosa, es decir, demasiado pesimismo o demasiado optimismo.

Y tú, mientras tanto, ¿dónde vives?

O en la película de tu pasado, o en el cuadro de tu futuro.

¡Es como si no vivieras!

Porque...

Vivir es estar con la mente «aquí» y «ahora», es decir, en el lugar y en el momento presente.

Vivir es concentrarse en el presente, comprometerse con el presente, meditar sobre el presente.

Cierto, también es ir al pasado...

... pero sólo para recordar los bellos momentos vividos o aprender de las experiencias desagradables... no para dejarse carcomer por los remordimientos.

Es verdad, también es ir al futuro.

... pero sólo para trazar algún programa en líneas generales... no para preocuparse o ilusionarse pensando que se realizarán las propias fantasías.

En el presente hay siempre algo bueno.

En cada momento del día, en lo que haces, en lo que ves, en lo que sientes, hay siempre algo bello de lo que gozar, de lo que extraer alegría. Sólo debes aprender a gozar, a extraer alegría, a saber ver lo bello, en pocas palabras, a saber recibir.

¿Cuántas veces (por ejemplo) comes pan sin pensar que lo estás comiendo?

Intenta concentrarte en eso.

Intenta saborearlo, degustar el fabuloso aroma que se desprende de cada migaja.

Intenta sentir el crujido de la corteza bajo tus dientes. ¿No es curioso?

La próxima vez que tengas ganas de comer algo bueno, no vayas a la pastelería, ve a la panadería.

Y, ¿has intentado alguna vez beber agua pensando en el agua que estás bebiendo?

¿Noooo?

¡Es bellísimoooo! ¡Inténtaloooooo!

La próxima vez que bebas intenta pensar en el agua que tienes en la boca.

La sentirás acariciarte delicadamente el paladar, cosquillear dulcemente la lengua... y meterse entre los dientes... y jugar al escondite con ellos.

Intenta seguirla con el pensamiento durante su bajada por la garganta....... Sentirás el fragor de una pequeña cascada....... Y, a medida que sigue su recorrido, sentirás frescor en todo tu ser....... Por último, la sentirás cómo se deposita en ti, preparada para cederte todos sus átomos de vida.

¡Es bellísimoooo! ¡Inténtaloooooo!

Mezclando el placer de calmar tu sed y la alegría de estar con «hermana agua», advertirás el maravilloso fenómeno de la «fusión». Tú te perderás en ella y ella se perderá en ti....... Porque tú eres materia y ella es materia.

Ahora, ¿podrías decirme cómo haces para captar este breve momento de eternidad si cuando bebes piensas en otra cosa?

Y así con todo.

En cada momento del día...

... en lo que haces,

... en lo que ves,

... en lo que sientes,

... se esconden tantas parcelas de alegría...

Eres tú el que tiene que encontrarlas y saborear las fantásticas sensaciones que se desprenden.

Pero, si con la mente estás en otro lugar, no lo conseguirás nunca.

El valor del presente es inmenso.

Esta gran verdad te ayudará a vivir con más conciencia...

.... a vivir tu vida con más alegría.

> *La felicidad se esconde a menudo*
> *en las pequeñas cosas de cada día.*

Pensar menos en el pasado

Vivir es... vivir en el presente. Pero también es ir al pasado.

Eso está bien... El pasado te ayuda a vivir mejor el presente.

Los problemas empiezan cuando vas demasiado a menudo al pasado y hurgas entre las peores cosas.

¿Quieres vivir feliz?

Haz esto...

Cuando pienses en algo que has hecho, pero que no deberías haber hecho, no te tortures con el sentimiento de culpa. El daño ya está hecho y ninguna auto-condena puede remediarlo.

Puedes darte guantazos o golpearte el pecho con todas tus fuerzas. Puedes golpearte la cabeza contra la pared hasta rompértela (o romper la pared)..., pero eso no servirá para borrar tus errores. De hecho no servirá para nada.

En vez de tener pensamientos desacertados como éstos: *«¿¡Cómo he podido cometer un error tan garrafal!? ¿¡Cómo he podido hacer semejante tontería!? No me lo perdonaré nunca»*..................... Piensa así:

¡Basta!

En este momento estoy pensando en el pasado. Me estoy condenando. Está creciendo en mí un sentimiento de culpa.

Es un error.

Ahora cambio el pensamiento...

Veamos, qué puedo pensar...

¡Ah!....... ¡Ya lo tengo!....... Pensaré en el presente...

... en lo que estoy haciendo, en lo que estoy viendo.

Cuando pienses en lo que hayas hecho poco correcto o poco moral en el pasado, no te dejes asaltar por el remordimiento. Piensa así:

¡Basta!...

¿He actuado incorrectamente?

¿Y?

Sólo significa que, en esa circunstancia, he actuado mal, no que soy una persona mala o inmoral.

Soy un ser humano y, por tanto, es humano que algunas veces me comporte incorrectamente.

No soy perfecto.

La perfección no es propia de los seres humanos, por tanto, no debo pretenderla.

Me propongo mejorar, pero ahora no debo culparme.

◇◇◇◇◇◇◇◇◇◇◇◇◇◇◇◇◇◇◇◇◇◇◇◇◇◇◇◇◇◇◇

Cuando pienses en lo que no has hecho, pero deberías haber hecho, no te devanes los sesos. No lo hiciste; nada en el mundo podrá hacerte retroceder para hacerlo.

Si no lo hiciste, significa que, en ese momento, consideraste oportuno no hacerlo, o que las presiones externas te forzaron a no hacerlo.

¡No te acuseeeees!

Cuando cometiste el error tenías menos experiencia, menos conocimientos, menos vivencias a tus espaldas.

Cuando cometiste el error eras una persona diferente. No eras el que eres ahora. No eras tú.

Cuando te culpes, no te culpes a ti, sino a otra persona: una persona que ya no existe.

Porque nosotros somos los que somos ahora, jamás los que hemos sido o seremos.

Porque nosotros cada día morimos y cada día renacemos.

Por tanto, no te preocupes por un error que ha cometido otra persona.

Cuando el sentimiento de culpa llame a tu puerta, déjale echar un vistazo, que curiosee, pero si te pide entrar no le abras la puerta............ y te sentirás en paz... contigo mismo, con los demás y con el mundo entero.

* * * * * * * * * * * * * *

Zambullirse de vez en cuando en el mar del propio pasado para sumergirse entre las horas más bellas y volver a sentir las dichosas sensaciones relacionadas, es felicible (produce felicidad).

Pero hay que estar atentos en no tirarse sobre «escollos» del propio pasado. De lo contrario, la propia mente puede quedarse herida por el sentimiento de culpa y por el remordimiento...
.... y adiós lindo vivir.

> *La peor culpa es...*
> *atormentarse con sentimientos de culpa.*

Pensar menos en el futuro

Quizá tú también vivas en perpetua expectativa...

... siempre a la espera de que se lleven a cabo los proyectos a los que dedicas gran parte de tu tiempo y de tus energías...

... siempre a la espera de que tus problemas actuales se resuelvan y las cosas mejoren...

... siempre a la espera de tener más dinero, más bienes, más seguridades, más éxito, más afectos, más amor, más... más... más...

y mientras tanto se te escapa, como si fuera arena entre los dedos, lo único que tienes seguro: el presente.

Un consejooooo...

Ten cuidado de no cometer el mismo terrible error que han cometido millones de personas que han vivido antes que tú desde el principio de los siglos hasta ahora.

¿Qué hicieron?

Aplazar, aplazar, aplazar continuamente. Mientras tanto... sus vidas pasaban.

Y, al borde de la muerte, se dieron cuenta de que no habían vivido.

¡Vive en el presente! ¡Disfruta el presente! ¡Regocíjate del presente!

Aunque no haya mucho de lo que disfrutar, de lo que gozar (o así te lo parezca).

Junta todas las miguitas de alegría que encuentres a lo largo del día. Muchas migajas al final forman un buen pan.

¡Vive en el presente! ¡Disfruta el presente! ¡Regocíjate del presente!

Y cuando la preocupación por el futuro asome por tu puerta, déjala entrar, que se acomode, ofrécele incluso un café..., pero no la escuches, te lo ruego.

¡Vive en el presente! ¡Disfruta el presente! ¡Regocíjate del presente!

Aunque no haya mucho de lo que disfrutar, de lo que gozar (o así te lo parece).

Si tienes facilidades económicas empléalas disfrutando del presente........ No ahorres mucho para el futuro.

No dediques mucho tiempo presente a ganar dinero que te garantice esas comodidades y seguridades que (según tú) son indispensables para un futuro feliz........ mejor reduce el temor al futuro...

... y tu futuro será prometedor, aunque no tengas comodidades y seguridades.

Piensa de esta forma:

Es la seguridad interior la que puede hacerme vivir feliz, no la exterior.

Recuerdaaaaa... EL QUE NO SE PREOCUPA EXCESIVAMENTE POR EL FUTURO LE ESPERA UNO PROMETEDOR.

Un consejooooo...

¡No dejes para después lo que puedas hacer ahora!

Si está dentro de tus posibilidades hacer lo que desde hace tiempo deseas, ¡hazlo! ¿A qué esperas?

La vida es una frágil hoja del árbol del tiempo... y puede despegarse por un simple capricho del viento.

* * * * * * * * * * * * * *

He leído un libro en el que hay confesiones de personas afectadas por graves tumores.

¿Sabes cuál es el tema que domina en sus pensamientos? El arrepentimiento.

Creo que no te vendría mal conocer los pensamientos de una de ellas.

Lo que más me hace sufrir, no es el dolor físico o el miedo a la muerte, sino el no haber vivido a tope mis días.

¡Qué estúpida he sido por no haber dado un lindo paseo cuando hacía sol porque tenía que limpiar la casa!

... ¡por no haber ido a la montaña porque no tenía atuendo para la nieve!,

... ¡por haber renunciado a aquel viaje porque no era la estación apropiada!

Cuantas veces he pensado: «Estoy poco con los niños. Hoy no los mando al colegio y me voy a dar una vuelta con ellos». Pero no lo he hecho.

¡Ay, si no tuviera este bultito aquí, cuántas cosas haría!
Llevaría a mis hijos a Eurodisney...
... y me gastaría todo lo que tengo para que se divirtieran,
... y podría disfrutar mientras ellos se divierten.

Le pediría a mi marido que se tomara un permiso y me iría con él a Venecia como hicimos durante el viaje de novios.

¡Ay, si no tuviera este bultito aquí!».

¿Has visto?

Un consejooooo...

¡No dejes para después lo que puedas hacer ahora!

¡Vive en el presente!
¡Vive un poco cada vez!
¡Vive minuto a minuto!
¡Vive segundo a segundo!
¡Vive momento a momento!

Y tu vida agradecerá que hayas decidido vivirla plenamente.
.... Y será un lindo vivir.

> *La mejor expectativa es...*
> *no esperar nada.*

La experiencia y la vida

Quizá hayas caminado mucho en la vida...
... pero no has aprendido el valor del camino... y estás aún lejos de la meta.

Quizá hayas conocido a muchas personas... y muchas ciudades... y muchas naciones...
Pero, ¿de qué te sirve si no te conoces profundamente?

Quizá estás en paz con los demás...
Pero, ¿de qué te sirve si no estás en paz contigo mismo?

No importa si no eres como te gustaría ser...
si no estás donde te gustaría estar,
si no te conoces bien,
si no te amas lo suficiente,
si te peleas a menudo con tu Yo,
si no has sabido usar la vida para aprender a vivir.
Nunca es tarde para hacerlo.

Siempre y cuando te empeñes en hacerlo.

Empezamos a entender mucho de la vida
cuando nos damos cuenta
de lo poco que habíamos entendido.

Recuerda

PARA VIVIR FELIZ, DEBO ESTAR A MENUDO CON LA MENTE EN EL PRESENTE

¿Quieres hacer algo felicible?
¡Detente!
¡No leas más!
Y concéntrate en este momento.

¿Qué ves cuando levantas la vista de este nolibro? ¿Qué oyes? ¿Qué sensaciones revolotean por tu mente? ¿Qué sentimientos invaden tu ánimo?

¡Detente!
¡No retomes todavía la lectura!
Quédate un rato en compañía de este momento...
... quédate un poco contigo.

Concéntrate en este momento.
Concéntrate en este momento.
Concéntrate en este momento.
Concéntrate en este momento.
Concéntrate en este momento.
Concéntrate en este momento.
Concéntrate en este momento.

COMUNICACION DIRECTA

Llegado este punto, he sentido el deseo de comunicarme contigo.

Comunicar es transmitir lo más profundo de uno a la persona con la que tienes relación, ¿recuerdas?
Yo que escribo y tú que me lees estamos en relación. Por esa razón me comunico contigo............ Pero también lo hago porque me gusta comunicar, disfruto comunicando........... Porque comunicar es bello.

¡Es bello comunicar contigo!............ Saber que mientras lees estas palabras tú y yo estamos juntos, y podemos irnos de paseo por el mundo como dos viejos amigos.
¿No consigues imaginártelo?
Yo te ayudo.
Yo soy un pensamiento: una entidad abstracta que circula por el universo.............. Tú también eres un pensamiento que, como yo, circula por el mundo.
Si nuestros cuerpos se hubieran encontrado, se habrían cogido del brazo y habrían paseado por una arboleda. Pero han sido nuestras almas las que se han encontrado, así que no necesitamos ni brazos, ni arboledas para estar juntos: basta un medio cualquiera que nos ponga en contacto. Pues bien... yo traduzco en palabras mis sentimientos más íntimos y los fijo en este trozo de materia que los hombres llaman papel. Tú sólo debes leerlos... sentirlos... y albergarlos dentro de tu corazón.
Seré presuntuoso, pero creo que te harán ampliar tu visión.
Ahora veamos lo que puedo comunicarte. Veamos lo que siento en este momento.
¡Ah! ¡Sí! ¡Lo tengo!

En este momento siento una burbujeante sensación, algo que nace del centro de mi ser y se expande hasta la superficie de mi conciencia.

Ahora intento averiguar a qué palabra corresponde este estado de ánimo.

¡Ah! ¡Sí! ¡Lo tengo!............ Curiosidad.

¿Qué piensas?

¿Qué te pasa por la mente cuando lees estas páginas en las que yo (pensamiento de un cuerpo que los hombres llaman Omar Falworth) me pongo en contacto contigo?

No pienses que te soy útil, que has invertido bien el dinero comprando este libro.

Intenta jugar conmigo en estas páginas.

Déjate llevar entre líneas y sílabas.

¡Diviértete, sonríe, goza!

Y verás cómo se desvanece la sombra que te rodea.

En vez de ponerle lógica a la lectura, ponle corazón.

Intenta pensar que una frase puede valer la pena sólo porque es bella leerla.

Muchas frases de este libro las he escrito así, porque me gusta escribirlas, porque disfruto escribiéndolas.

¿Has percibido el cariño con el que las he escrito? ¿Y mi alegría? ¿Y mi optimismo desmedido?....

¡Qué bello es comunicar!

En este momento siento de nuevo una sensación de curiosidad........... Intento traducirla con palabras.

¿Qué piensas?

¿Qué te pasa por la mente cuando lees estas palabras que te comunican lo más profundo de mí?

¿Consigues salir de ti y entrar un poquito en mí?

¿Consigues comunicar conmigo?.............. ¿Me «sientes»?

¡Qué bello es comunicar!

¡Venga!... ¡Va!... ¡Esfuérzate!...

No me veas como un experto que quiere darte sus buenos consejos, sino como un alma que quiere entregarse.

¡Venga!... ¡Va!... ¡Esfuérzate!...

Derrite ese velo de frialdad que te envuelve cuando alguien quiere entrar en ti...

... afloja tus defensas...

... déjate llevar...

...y.................. comunica conmigo.

¡Qué bello es comunicar!

¿Sientes en este momento la serenidad que tengo dentro y que te entrego en este folio blanco?

¿Sientes la alegría que desborda de mi corazón y se derrama en el tuyo?

Y mi amor y mi entusiasmo por la vida, ¿los notas?

Coge a estos grandes amigos de mi mente y deposítalos dentro de la tuya. Tenlos bien cobijados y no los dejes ir.

A lo mejor, lo que tú necesitas para que tu vida sea maravillosa es.................. comunicar.

> *Vivir con los demás no es estar con ellos,*
> *sino «ser» con ellos.*

Podernos comunicar es el don más grande que hemos recibido de ese extraño tipo que nos ha creado.

A través de nuestra comunicación podemos alcanzar la cuarta dimensión de la felicidad.

¡Venga!... ¡Va!... ¡Deja de lado tu parte racional!...

Abandona en algún rincón perdido tus temores y co-

? ? ? ? ? ? ? ? ? ?

¿La frase precedente no continúa?............

Acepta este imprevisto sin inmutarte y sigue leyendo.

En la vida muchas veces ocurre que no terminamos las cosas...........

¡Entrénate con los imprevistos!
¡Acostúmbrate a los imprevistos!

¡Entrénate con los imprevistos!
¡Acostúmbrate a los imprevistos!

¡Entrénate con los imprevistos!
¡Acostúmbrate a los imprevistos!

¡Entrénate!... ¡Acostúmbrate!...
¡Entrénate!... ¡Acostúmbrate!...
¡Entrénate!... ¡Acostúmbrate!...
¡Entrénate!... ¡Acostúmbrate!...
¡Entrénate!... ¡Acostúmbrate!...
¡Entrénate!... ¡Acostúmbrate!...
¡Entrénate!... ¡Acostúmbrate!...
¡Entrénate!... ¡Acostúmbrate!...
¡Entrénate!... ¡Acostúmbrate!...
¡Entrénate!... ¡Acostúmbrate!...
¡Entrénate!... ¡Acostúmbrate!...
¡Entrénate!... ¡Acostúmbrate!...
¡Entrénate!... ¡Acostúmbrate!...
¡Entrénate!... ¡Acostúmbrate!...
¡Entrénate!... ¡Acostúmbrate!...
¡Entrénate!... ¡Acostúmbrate!...
¡Entrénate!... ¡Acostúmbrate!...
¡Entrénate!... ¡Acostúmbrate!...
¡Entrénate!... ¡Acostúmbrate!...
¡Entrénate!... ¡Acostúmbrate!...

TÍTULO DEL CAPÍTULO
¿ ¿ ¿ ¿ ¿ ¿ ¿

Título del fragmento
¿ ¿ ¿ ¿ ¿ ¿ ¿

Supongo que te estarás preguntando por qué no le he puesto título a este capítulo ni a este fragmento.................. Te responderé dentro de poco.

◇◇◇◇◇◇◇◇◇◇◇◇◇◇◇◇◇◇◇◇◇◇◇◇◇◇◇◇◇◇◇◇◇◇◇◇

Quizá tú también evitas emprender cosas nuevas sin antes asegurarte de que no son demasiado arriesgadas... Quieres tener la certeza de que no sufrirás pérdidas (de salud, dinero, afecto o seguridades)... De esta forma reduces al mínimo las nuevas experiencias.

¡Pero así reduces también al mínimo tu vida!

Porque la vida tiene muchísimas ocasiones de felicidad y, si quieres aprovecharlas, debes vencer el temor a lo poco conocido y... zambullirte a menudo en horizontes inexplorados.

Las cosas más bellas de la vida tienen la cara de la aventura... Pero tú amas poco la aventura, por eso renuncias a ellas...

... renuncias a una infinidad de alegrías...

... renuncias a la vida con V mayúscula...

... renuncias a «volar».

¿Quieres ser feliz? ¿Quieres disfrutar de la vida en todas sus maravillosas facetas?...

... pues acostúmbrate a la aventura.

Acostúmbrate a no necesitar demasiada información sobre lo que vas a hacer.

¡Acostúmbrate a renunciar a previsiones, seguridades y certezas!

Acostúmbrate a abrir puertas sin querer saber antes lo que hay en la otra habitación.

¡Acostúmbrate a lo nuevo!

Para hacer que te acostumbres a lo nuevo, no le pondré título a este capítulo, ni a los diferentes fragmentos............ y haré que la lectura de este nolibro sea para ti una aventura, más de lo que lo ha sido hasta ahora.

Un consejooooo...
Esfuérzate por leer las próximas extrañísimas páginas sin enfadarte.
... y conseguirás no enfadarte cuando (a pesar tuyo) te encuentres frente a algo nuevo, diferente, irracional...
... y conseguirás fácilmente zambullirte en las bellísimas aventuras que tiene la vida sin tener la certeza de que todo irá sobre ruedas...
.... y sonreirás más a menudo.

> *La verdadera seguridad consiste en...*
> *no necesitar seguridades.*

En tu corazón, debajo de una capa de ceniza, hay otro corazón: tu corazón de niño.
Es un corazón más joven que el tuyo, más fresco, más grande... y tiene un inmenso deseo de conocer, de descubrir... y la excepcional capacidad de sorprenderse ante lo que ha conocido, ante lo que ha descubierto.
El tuyo querría zambullirse a menudo en lo nuevo, en la aventura, pero tú rara vez lo sacas afuera, le quitas un poquito el polvo, y lo llevas a dar una vuelta por las calles de este mundo a la búsqueda de nuevos horizontes.
Y él sufre.
Y hace que te sientas poco feliz.
Cuando eras más joven (¿lo recuerdas?) querías saber más, descubrir más, comprender más.
Salías de una aventura y te metías en otra. Te caías a menudo..., pero te volvías a levantar y seguías adelante. Te caías..., pero te lamías las heridas y volvías al ataque.
Y tu joven gran corazón de niño revoloteaba feliz por los verdes prados de la vida.
Y te regalaba un montón de alegría.

¿Y ahora?

¿Dónde han ido a parar tus ganas de aventura?

¿Las has cambiado por un puñado de seguridades?

¿Las has metido bajo llave para evitar caídas y desilusiones?

No es éste, créeme, el mejor modo de vivir (te lo confirma tu poca felicidad).

¡Venga!... ¡Va!... ¡Muévete!

Si no quieres que tu cuerpo envejezca, mantén joven tu mente.

¡Venga!... ¡Va!... ¡Muévete!

Sal de tu actual rutina de vacía tranquilidad.

Despiértate de tu pereza psicológica.

Deshazte de tus temores.

Busca nuevos intereses, nuevas experiencias, nueva vida.

Y tu joven gran corazón de niño empezará de nuevo a latir fuerte en tu pecho... Y te regalará mil átomos de alegría con cada latido.

Y conseguirás subir a muchos trenes de la vida sin saber a priori en qué estación debes bajar...

............Y será un lindo vivir.

La vida, en el fondo, es un bonito juego;
por eso es mejor ser niños.

Quizá tú también renuncies a menudo a lo nuevo, porque piensas que puedes temer encontrarte con inconvenientes a los que no sabes hacer frente.

Quizá tú también pienses así ante una nueva y seductora propuesta:

«¿Quién me manda a meterme en senderos que no conozco?

No es necesario tener esta experiencia. Aquí hay gato encerrado.

Será mejor renunciar.»

Pues bien...... ésta es tu excesiva cautela, o tu excesivo temor a lo poco conocido.

Es probable que en tu mente esté grabado el viejo proverbio: «*Quien deja el viejo camino por el nuevo, sabe lo que deja, pero no sabe lo que encuentra*».

Sí, este proverbio es útil, pero si lo sigues demasiado, puede causarte un mar de problemas porque: «*EL QUE NO SE MUEVE NUNCA POR TEMOR A ROMPERSE LAS PIERNAS, AL FINAL SE QUEDARÁ PARALÍTICO*».

Seguramente sea tu baja autoestima la que te frena cuando quieres iniciar una aventura. Te corroe el coraje, te reduce el optimismo, te aplaca el entusiasmo. Hace que tengas miedo del fracaso y, como consecuencia, hace que te menosprecies frente a los demás y frente a ti.

De hoy en adelante no aceptes más este estado de cosas.

¡Combate tu baja autoestima!

¡Combate tu temor a lo poco conocido!

Usa contra ellos toda tu fuerza moral, toda tu astucia, toda tu rabia reprimida.

¡No esperes tiempos mejores para hacerlo! ¡No lo aplaces!

Te espera una vida más llena. La vida no espera.

Las cosas que más debemos hacer son…
las que no sabemos hacer.

Los fragmentos precedentes no estaban alineados, ¿verdad? ¿Te ha molestado?

Creo que no.

Creo que ya has aprendido a no preocuparte por pequeños inconvenientes.

Sigamos.

¿Deseas vivir en los altos niveles de la felicidad?

Entonces debes enriquecerte..., pero no con dinero, bienes o seguridades futuras, sino con nuevos conocimientos, nuevos conceptos, nuevas experiencias, nuevos horizontes... para sorprenderte más... para gozar más.... para ampliar tu visión de la vida y del mundo.

¿Deseas vivir en los altos niveles de la felicidad?

Entonces, debes convertirte.

Convertirse es una experiencia electrizante, sublime, fantástica.

Es ser muchas personas diferentes en pocos años.

Es vivir más veces en una sola vida.

Es vivir de la forma más verdadera y más bella posible.

Pero para llegar a eso debes arriesgarte más.

De hoy en adelante, vence el temor a lo poco conocido... y aventúrate en el mundo.

¿Te derrumbarás?

Pero también crecerás.

¿Te llevarás enormes desilusiones?

Pero también sentirás muchas alegrías.

A veces saldrás perdiendo.

Pero ganarás muchas satisfacciones.

Esta es la auténtica vida, créeme. No te encierres en un castillo psicológico protegido... no mires al mundo desde sus torres y almenas... no te contentes sólo con grandes banquetes, grandes diversiones y viajes consumistas donde todo está incluido, todo está previsto.

Si por inercia o por temor a lo poco conocido renuncias a nuevas experiencias, tus ganas, de nuevo, se reducirán... A raíz de esto, tu inercia y tu temor a lo poco conocido aumentarán. Como consecuencia, renunciarás más fácilmente a nuevas experiencias... y tu inercia y tu temor de nuevo aumentarán, etc.

Presta mucha atención, ¡no caigas en ese destructivo círculo vicioso!

Intenta familiarizarte con lo nuevo, imponte lo nuevo, descubre lo nuevo...

Tu mente necesita nutrirse cada día. Necesita cada día nueva savia de vida... necesita conocer, disfrutar y sorprenderse a diario.

No hagas que padezca hambre. No dejes que se reseque.

No te hundas en el cómodo sofá de lo viejo, te lo ruego!
¡Busca lo nuevo!
Pero lo nuevo tam otros ojos.
¡Renuévate!... ¡M
... Y muchas de las ces te parecerán
«nuevas».

• •

¿Cuánto te ha molestado la mancha de tinta que te ha impedi-
do leer normalmente el fragmento precedente?
¿Poco?
Entonces te aconsejo vivamente que vuelvas a la página... ¡Ay,
perdona, olvidaba que no hay páginas... entonces vuelve al fragmento «Aceptación de los inconvenientes» y léelo por lo menos
dos veces.

¿Cuánto te ha molestado la mancha de tinta que te ha im-
pedido leer normalmente el fragmento precedente?
¿Ni siquiera un poco?
Bien, te felicito.
Eso significa que has empezado a aprender el arte de aceptar.
Eso significa que has empezado a aprender el arte de vivir feliz.

Pero ahora retomemos el camino.
Espera un momento, repetiré el fragmento manchado.

No te hundas en el cómodo sofá de lo viejo, te lo ruego!
¡Busca lo nuevo!
Pero lo nuevo también puede ser lo viejo visto con otros ojos.
¡Renuévate!... ¡Mejórate!... ¡Cambia!...
... Y muchas de las cosas viejas que ya conoces te parecerán
«nuevas».

La vida no consiste en reunir una buena posición
económica, afectiva y social que sea estratégica y
defender lo propio, sino que es una secuencia infi-
nita de experiencias.

Si te mueves, si creces, vives.

Si no te mueves, no creces, es lo estático, es la muerte psicológica.

Para poder decir: «*Yo vivo*», debes ser capaz de ver el mundo siempre con ojos nuevos y mente más límpida.

Y puedes conseguirlo sólo si te enriqueces cada día un poco más.

Y puedes enriquecerte sólo si arriesgas más.

Para mejorar tu vida, no debes necesariamente abandonar todos tus intereses actuales, sino únicamente los que no te aportan nada. Al mismo tiempo, debes crearte otros nuevos que te enriquezcan, que te hagan gozar a menudo.

En definitiva, debes aprender a sentir el encanto del mundo para deslizarte entre las cosas, y encontrar en ellas la serenidad y la felicidad que buscas desde hace tiempo.

Y seguro que consigues zambullirte en bellísimas aventuras de la vida sin tener la certeza de que no haya escollos problemáticos.

.... Y será un lindo «nadar».

> *A veces el peor riesgo se corre...*
> *... no arriesgándose.*

¡Arriésgate más!

Con esto no te quiero sugerir que te metas de cabeza en todas las ocasiones de aventura que se te presenten. En algunas (y con un poco de prudencia), sí.

¡Arriésgate más!

Cuando estés a punto de hacer algo nuevo (y tu geniecillo maligno te bloquee sugiriéndote: «*No haré esto... Hay peligro... Siento olor a chamusquina... Perderé tiempo o dinero*») libérate con un pensamiento «corrector» de este tipo:

¡Alto!...

Un momento...

Esta es mi parte negativa que intenta bloquearme.

¡Alto!...

Un momento...

¿Los riesgos que corro son verdaderamente grandes o es mi excesivo temor a lo nuevo el que hace que los vea así?

¡Alto!...

Un momento...

Veamos lo que puedo perder.

Pensándolo bien, las pérdidas que podría sufrir no son tan graves.

Tendré esta nueva experiencia.

Es verdad. La experiencia se paga (y a veces, cara) pero es, con diferencia, el sistema más seguro para mejorar mi personalidad... y mi vida.

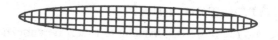

¡Arriésgate más!

Cuando estés a punto de hacer algo nuevo (y tu geniecillo maligno te bloquee sugiriéndote: *«No soy capaz de hacer esto... No lo haré bien... No tengo práctica en este campo»*) libérate con un pensamiento «corrector» de este tipo:

¡Alto!...

Un momento...

Esta es mi parte negativa que no me deja crecer e intenta bloquearme.

Pero yo no la obedeceré.

Si no me pongo a prueba nunca en cosas en las que no tengo experiencia, mi temor a lo nuevo no mermará nunca, mi autoestima no aumentará nunca... y seguiré viviendo poco feliz.

¡Voy a hacer esto!

¿Tengo poca fe en mis capacidades?

No me importa.

Lo intentaré igualmente.

Si lo consigo, bien; sino, bien también.

Ganaré experiencia.

Sólo acumulando un buen número de experiencias podré comprender la vida en su esencia... y vivirla feliz.

¡Arriésgate más!

Arriesgándote se te abrirán nuevos e inmensos horizontes de los que podrás obtener alegría en abundancia.

Y si alguna vez te frenara el pensamiento de poder derrumbarte, recuerda la siguiente frase: *«LAS EXPERIENCIAS DESAGRADABLES ENSEÑAN A VIVIR BIEN»*.

¡Arriésgate más!

Haz más a menudo lo que tus ganas te empujen a hacer.

Haz más a menudo lo que tu curiosidad te empuje a hacer.

Haz más a menudo lo que tu «locura» te empuje a hacer.

Y conseguirás recorrer miles de desconocidas (pero maravillosas) calles de la vida sin necesidad de mapas, guías y señales de tráfico...

.... Y será un lindo «viajar».

> *Algunos se ganan la vida muy bien,*
> *pero viven poquísimo.*

El infierno y el paraíso

¿Dónde está el infierno?

Para muchos... está en la tierra: las guerras, las calamidades naturales, la contaminación, el odio, la violencia, las injusticias, las prevaricaciones, la envidia, la maldad, etc...

¡No es verdaaaaaaaaaaaaaad!

El infierno está en nuestra mente... cuando ésta está infectada de miedos, temores y ansiedades... cuando está contaminada por lugares comunes, prejuicios y malas costumbres... cuando está intoxicada con lecturas banales, películas estúpidas y vulgares espectáculos televisivos.

¿Dónde se ubica el paraíso sobre la tierra?

Para mucha gente... en ningún sitio.

No es verdaaaaaaaaaad.

El paraíso está en nuestra mente: cuando está serena, limpia, alegre, abierta, creativa, afable y deseosa de enriquecerse cada vez más.

El infierno y el paraíso no son dos elementos materiales que están en la tierra o en los demás planetas, sino dos realidades abstractas que habitan nuestra mente.

Nosotros somos nuestro infierno y nuestro paraíso... Somos infierno y paraíso juntos.

Nosotros somos los que debemos hacer que predomine el paraíso sobre el infierno........... Y para semejante objetivo debemos arriesgarnos más.

Sólo así un día conseguiremos «volar» en los cielos infinitos del paraíso terrenal.

.... Y será un lindo «volar».

A veces nos desplazamos hasta el fin del mundo
para buscar algo que tenemos muy cerca de nosotros.

Recuerda

PARA VIVIR FELIZ

DEBO ARRIESGAR MÁS

¿Quieres hacer algo felicible?
Garabatea todo el espacio en blanco
de esta página y luego... quédate un
rato contemplándola sin que te asalten
pensamientos del tipo:
«¡Qué mal está esta página!»
«A esta página le pasa algo»
«Esta página no debería estar así».

¡Acostúmbrate a las páginas gara-
bateadas!... y cuando te topes con alguna ya no te molestará.

¡Venga!... ¡Va!...
Garabatea esta página.
No me iré de aquí hasta que no lo ha-
yas hecho.
¡Venga!... ¡Va!...
Garabatea esta página.
Yo me quedaré a esperar que lo hagas.

Estoy esperando. Estoy esperando.
Estoy esperando. Estoy esperando.
Estoy esperando. Estoy esperando.
Estoy esperando. Estoy esperando.
Estoy esperando. Estoy esperando.
Estoy esperando. Estoy esperando.
Estoy esperando. Estoy esperando.
Estoy esperando. Estoy esperando.
Estoy esperando. Estoy esperando.
Estoy esperando. Estoy esperando.

¿Lo has hecho?
Muy bien.
Ahora mírala bien, mírala sin in-
mutarte lo más mínimo.
A veces la vida es como esta página.

APRENDIZAJE DIRECTO

En un capítulo anterior te he aconsejado con verdadero ahínco que aprecies más lo que tienes, ¿recuerdas? Te dije que, para vivir más feliz, debes saber observar las cosas que ves o tienes (materiales o no) para poder disfrutar de todas sus características, ¿recuerdas?

Hoy, pasados unos meses, me surge la siguiente duda:

«No debe de ser fácil para la persona que me lee adquirir la óptima costumbre de apreciar más.

¿Cómo puedo ayudarla? ¿¡Qué puedo inventarme para ayudarla!?

¡Ya lo tengo!

La haré ejercitar con este nolibro.»

Así que he insertado este capítulo.

Aprender a apreciar más

Cada cosa que existe en el mundo tiene un cierto número de cualidades objetivas que se deben apreciar.

– El café (por ejemplo) tiene tres:

su aroma,

su gusto,

su efecto estimulante.

– Un gato (por ejemplo) tiene cinco:

sus ojos característicos,

su pelo suave,

su agilidad,

su modo de ser cariñoso,

su discreción.

– Un pueblecito de montaña (por ejemplo)
tiene veintitrés: sus callejuelas típicas,
sus casitas originales,
las flores de colores en los balcones,
la sencillez de sus habitantes,
la... la... la... la... la... la... la... la... la... la... la... la... la...

La persona que sabe «mirar», que sabe apreciar, nota enseguida todas las características positivas de lo que tiene o de lo que ve (ya sea material o no). Alguien le ha enseñado a mirar, y a apreciar, y ahora no tiene dificultad en hacerlo.

En cambio, la persona que no sabe «mirar», que no sabe apreciar, no nota todas las cualidades objetivas de las cosas. Nota sólo algunas... y pierde así la ocasión de gozar plenamente de lo que tiene, o de lo que ve y... experimenta sólo un pequeño porcentaje de los placeres y de las alegrías escondidas en cada cosa........
... y su vida sólo es feliz al 50%.

....

Este nolibro tiene treinta y dos características positivas que se pueden apreciar....... Seguramente ya habrás descubierto algunas. Pero hay otras que no has notado.
A lo mejor consigues apreciar sólo veinte....... y te pierdes el placer de las otras doce.
Eso pasa porque nadie te ha enseñado a observar a fondo las cualidades de las cosas.
Yo intentaré hacerlo usando la comprensión directa.

Si aprendes a apreciar más este libro, aprenderás a apreciar más todas las cosas que posees, todas las cosas que ves. Notarás por lo menos el 80% de sus cualidades objetivas...
... y tu vida fluirá feliz al 100%.

Espera un momento...
Mi geniecillo maligno me sugiere algo.

¡Ah!... Aquí está...

«*¡Cuidado, Omar! Para el carro, Omar..., Si elogias tanto tu libro, el lector te tomará por presuntuoso.*»

Pero yo le responderé:

«*No me importa lo que piense la persona que me lee con tal de que aprenda el arte de apreciar más, con tal de que aprenda el arte de vivir. Así que voy a seguir adelante.*»

◇◇◇◇◇◇◇◇◇◇◇◇◇◇◇◇◇◇◇◇◇◇◇◇◇◇◇◇◇◇◇◇◇◇

¡Aprecia más este nolibro!

No lo compares con otros libros de este tipo.

No pienses en cómo podría ser, lo que no tiene.

Piensa en cómo es... en lo que tiene.

Saborea lo bueno de sus páginas.

Recréate con sus expresiones más bellas.

Prueba las palabras más dulces.

Degusta su originalidad.

Intenta captar sus sutiles matices.

Sonríe (si te dan ganas) cuando encuentres un fragmento que te inspire simpatía....... Ríe (si te da la gana) cuando leas un trozo que te estimule el buen humor.

¡Aprecia más este nolibro!

No veas en él sólo lo que te puede ser útil.

Esfuérzate por notar todas sus cosas lindas.

No lo trates como un objeto para usarlo y basta.

Considéralo una cosa que se debe cuidar.

Considéralo un amigo que te hace compañía.

Cuando lo tengas entre las manos, cuando lo leas, concéntrate en el momento que estáis viviendo él y tú.

Léelo lentamente.

Léelo atentamente.

Pero, sobre todo, léelo con la mente limpia y el corazón abierto.

¡Aprecia más este nolibro!...... De forma que cuan-

¿Quieres hacer algo felicible?
Pon este libro sobre el salpicadero del coche y, en cada interrupción del tráfico, abre una página al azar y lee algunas líneas.

Un consejo...
Aprovecha todas las horas «muertas» del día para mejorar tu personalidad, para mejorar tu vida.

   ¡Venga!... ¡Va!...
¡Llévate este libro al coche!
   ¡Venga!... ¡Va!...
¡Llévate este libro al coche!
   ¡Venga!... ¡Va!...
¡Llévate este libro al coche!
   ¡Venga!... ¡Va!...
¡Llévate este libro al coche!
   ¡Venga!... ¡Va!...
¡Llévate este libro al coche!
Al coche.
Al coche.
Al coche.
Al coche.
Al coche.
Al coche.
Al coche.
Al coche.
Al coche.
Al coche.

ACEPTARSE

Nuestro Yo verdadero

A veces querríamos salir de nosotros...
... fuera de esa maraña de deseos, nostalgias, confusas tentaciones...
para distraernos,
para no pensar más en los problemas que nos atormentan,
para encontrar la serenidad.
A veces querríamos salir de nosotros...
... fuera de nuestros errores,
   de nuestras dudas,
   de nuestras desilusiones...
para irnos a la isla bellísima con la que hemos soñado siempre... donde no hay maldad, ni injusticias, ni baches... donde podríamos vivir la vida maravillosa que siempre hemos deseado.
Pero no.
Para realizar estos sueños no debemos salir de nosotros, sino entrar en nosotros, en nuestro Yo...
... pero no en el Yo que conocemos, en el Yo acorazado que nos hemos construido para defendernos de la vida...
sino en nuestro verdadero Yo: el Yo más bello, más excepcional y más fantástico que tenemos...
... porque sólo él puede hacernos felices.

Buscamos la felicidad por todos lados
salvo donde se encuentra... en nosotros mismos.

Aceptar los propios defectos físicos

Quizá tú también tengas problemas de dieta, o pequeñas imperfecciones en la cara, o algo que no te gusta de tu cuerpo... y no te gustas... no te aceptas... Y te repites a menudo esta frase tan poco afortunada: «*No gusto a los demás*».

Cometes un gran error pensando así.

Conozco a muchísimas personas con algún defecto físico que son muy queridos por los demás.

Y, ¿sabes por qué?

Porque son simpáticas.

Y, ¿sabes por qué son simpáticas?

Porque han eliminado el temor a no ser aceptadas por los demás a causa de su poca belleza, y se manifiestan con autenticidad e individualidad.

Por tanto...

Si crees ser una persona poco bella, demasiado gorda o demasiado delgada, o demasiado baja o con la nariz muy larga u otros tantos «defectos» de este tipo...

... no hagas nada por cambiar: sé tú...

... y serás la persona más bella del mundo.

¡ACÉPTATE...... COMO ERES!

La belleza que más cuenta (la que ayuda a vivir feliz) es la interior.

Por tanto, no te esfuerces por mejorar tu cuerpo, esfuérzate por mejorar tu mente.

¡ACÉPTATE! ¡ÁMATE!...... Descaradamente...

sin pudor... sin reservas......... Y no escuches esa vocecita sutil de tu geniecillo maligno que te dice que no eres una persona particularmente bella.

Y tu mente será más bella...

.... y tu vida será más bella.

> *No es gracioso el que es gracioso,*
> *sino el que cree serlo.*

Aceptar los propios defectos psicológicos

Tú querrías ser más fuerte, más valiente, más perseverante... para vencer las batallas difíciles de la vida.

Y querrías ser más dueño de ti, no alterarte nunca, no dejarte llevar por la ira... para tener siempre la serenidad a tu lado.

Y querrías ser...
más competente... para tener éxito en todo lo que haces,
más amable... para recibir más amor,
más importante... para recibir más estima.

Y querrías...
no equivocarte nunca,
no dejarte roer por las dudas, las preocupaciones y el pesimismo.

Y querrías ser así. Y querrías ser asá.
Pero, por desgracia, no eres como querrías ser.
Y te enfadas por ello, te condenas, te creas un problema por todo y te desgastas el cerebro dándole vueltas.

No hay error más grande.
Debes aceptarte, debes quererte tal y como eres, a pesar de todo.
Piensa a menudo así:

Debo aceptarme...

...como soy.

Puedo vivir feliz perfectamente aunque yo no sea como me gustaría ser.

Recuerdaaaaaaa... *PARA VIVIR FELIZ, NO HACE FALTA TENER MUCHAS CUALIDADES, SINO SABER SACAR PROVECHO DE LAS QUE SE TIENEN.*

Cuando pienses en ti, no pienses mal de ti.

Acepta serenamente tus defectos.

No hay nada de malo en tener algún lunar en el alma, alguna cicatriz en la mente.

Aunque tus defectos sean muchos, sigues siendo un ser humano. Por tanto, no te dejes herir por juicios, clasificaciones o desaprobaciones psicológicas.

Cuando mires en tu interior, hazlo serenamente.

No temas verte como realmente eres. No temas tu juicio. Nadie te puede juzgar, ni siquiera tú.

No te pongas nervioso por ser como eres, sino no tendrás nunca la serenidad de ánimo que necesitas para llegar a ser como querrías.

Piensa a menudo así:

Debo aceptarme
tal y como soy.
Debo aceptarme aunque no
soy como me gustaría ser.

* * * * * * * * * * *

Cuando pienses en ti, no cometas el error de agrandar tus defectos o de aumentar su número.

Todos tenemos defectos, pero cuando estamos bajos de moral los agigantamos o creemos que son más numerosos de lo que en realidad son.

Cuando pienses en ti, no te mientas. No te autoengañes convenciéndote de ser alguien que en realidad no eres; de lo contrario, acabarás por tener dos identidades: una verdadera y una falsa........ Y eso sí que sería un problema.

Admite tus defectos. Piensa serenamente: «*Yo soy así, así y así*».

¡ACÉPTATE! ¡ÁMATE!........ TAL Y COMO ERES....

... y borra de tu mente a la persona ideal que querrías ser: esa persona perfecta que has construido con tu bella fantasía y con la que te comparas a menudo, obteniendo desilusiones y frustraciones.

... sustitúyela por una menos ideal, menos perfecta: tú.

¡ACÉPTATE! ¡ÁMATE! ... AHORA...

... y no esperes a ser mejor para gozar de la vida.

Puedes perfectamente vivir feliz ahora con tu actual personalidad imperfecta.

Piensa esto:

Debo aceptarme como soy.
Puedo perfectamente vivir feliz ahora, con todos mis defectos actuales.

El peor defecto es...
...no aceptar los propios defectos.

En nuestra mente hay muchos Yo:
está el Yo bueno y el Yo malo,
está el Yo valiente y el Yo miedoso,
está el Yo racional y el Yo irracional,
está el Yo de la infancia, el de la pubertad y el de la adolescencia...
... y cada uno de estos Yo tiene sus conceptos, sus ideas, sus sentimientos, sus necesidades que satisfacer y sus aspiraciones que realizar.
Nuestros «Yo» son como los diputados de un parlamento.

Están los Yo laboristas, los Yo progresistas, los Yo conservadores, los Yo verdes, los Yo comunistas, etc.

Cuando tenemos que tomar una decisión, se reúne nuestro parlamento interior, y cada uno de nuestros Yo intenta convencer a los otros de que sus propuestas operativas son las mejores. Así nacen los conflictos interiores.

◇◇◇◇◇◇◇◇◇◇◇◇◇◇◇◇◇◇◇◇◇◇◇◇◇◇◇◇◇◇◇◇

Tener conflictos interiores es normal, normalísimo. Todos nosotros debemos tenerlos. ¡Pobres de nosotros si no los tuviéramos!

Si en nuestra mente no existieran conflictos, dudas e incertidumbres, se instauraría una dictadura psicológica. Sería una tragedia... Tomaríamos siempre decisiones del mismo tipo. Seguiríamos siempre el mismo camino.
Todo fácil...Todo sobre ruedas... Todo uniforme.
¡Pero entonces sería el fin de nuestro pensamiento, la muerte de nuestra vida psicológica!

Los conflictos interiores, aislados, no son molestos... Es la ansiedad que les asociamos (sin darnos cuenta) la que los hace molestos. Y es por esto por lo que debemos dedicar nuestras energías a la reducción de esa ansiedad y no a la eliminación de los conflictos.

¿Quieres saber una cosa?

Yo vivo feliz no porque mi mente esté exenta de conflictos, sino porque los acepto (me acepto).

Te diré más...

Me divierto mucho observando mis diferentes Yo que riñen en mi mente.

Y te diré también que, a menudo, me río de ellos (me río de mí). Y, a veces, siento ternura hacia ellos (y hacia mí).

¡Haz tú también como yo!

Acepta serenamente todos los Yo de tu personalidad.

Acepta serenamente...

... tu bondad pero también tu maldad,

... tu valor pero también tu miedo,

... tu fuerza, pero también tu debilidad,

... tu inteligencia, pero también tu estupidez...

ACÉPTATE

Quizá tú también creas que para vivir feliz se requiere una personalidad unida, compacta, coherente, que no cree en la mente choques, dudas y conflictos.

Te aconsejo que no cometas este banalísimo error. Para vivir feliz no debes tener una personalidad armónica, sino una mente flexible que acepte tu personalidad poco armónica.

....

Cuando tengas un conflicto interior, no te dejes vencer por la necesidad de resolverlo rápidamente para

salir de la situación de desagrado psicológico en la que te encuentras.
Aprende a vivir serenamente, aunque dentro de ti haya una lucha tremenda entre dos deseos o pensamientos opuestos.
Aprende a vivir tranquilamente, aunque haya alguna situación
que te tenga en ascuas.
Cuando en tu mente las aguas no estén tranquilas piensa de
esta forma:

¿Tengo un conflicto interior?
Bien, lo acepto.
Y acepto también este estado de ner-
viosismo que me produce.

¡Acepta tus conflictos!
¡Acepta todos tus Yo que piensan de forma diferente!
¡ A C É P T A T E !
Y conseguirás aceptar también...
... todas las cosas que son diferentes de como (según tú) deberían ser...
... a todas las personas que piensen diferente a ti...
... y el mundo que es distinto de como lo querrías.

Cuando en nuestra mente esté todo demasiado tranquilo,
entonces debemos empezar a preocuparnos.

Aceptar el conflicto entre el bien y el mal

Nosotros los seres humanos sabemos perfectamente, en lo
más hondo de nuestro corazón, lo que está bien y lo que está
mal...
... y querríamos actuar siempre en la dirección del bien.

Por desgracia, nuestros temores y nuestro egoísmo a menudo nos sugieren que actuemos en la dirección opuesta....... Y así nace en nuestra mente una continua lucha entre el bien y el mal.

Eso es natural, naturalísimo.

¡Iríamos mal si no ocurriera! Sería un daño gravísimo para nuestra vida psicológica.

Nadie puede hacer el bien sin que su geniecillo maligno le sugiera que está regalando algo de sí.

Nadie puede hacer el mal sin que su duende benigno le sugiera que no lo haga.

El sentido del bien y el sentido del mal, el valor y el miedo, el amor y el odio (y otros muchos sentimientos humanos) son complementarios. No puede haber uno sin que exista su opuesto.

Si en nuestra mente falta uno de los opuestos, significa que hay algo en nosotros que funciona.

Por tanto, ¡acepta el conflicto entre el bien y el mal!

Acepta a la persona buena que hay en ti, pero también a la mala. Cuando se

peleen haz que venza la buena pero, si no lo consigues, no te preocupes, no te enfades, acepta la derrota.

Y adquirirás más fuerza.

Y adquirirás más bondad.

.... Y tu vida conquistará amplias parcelas de felicidad.

> *Cuanto más se acepta la propia maldad,*
> *más se aumenta la propia bondad.*

La página precedente estaba al revés, ¿verdad?

¿Te ha molestado?

Espero que no.

Espero que ahora tu mente se haya acostumbrado a aceptar los imprevistos y los inconvenientes de este nolibro.

Un consejooooo...

Haz lo mismo con la vida.

Cada vez que te encuentres con un imprevisto, no te enfades demasiado... acéptalo.

Cada vez que notes que algo no marcha bien, no hagas caso, acéptalo.

Aumentarás así tu flexibilidad mental.

Aumentarás así tu felicidad.

Y ahora retomemos el camino.

No... no lo retomo...

¡Ah!... Esta sí que es buena... te la tengo que contar.

¿Sabes qué estoy haciendo en este momento?

Me estoy riendo.

¿Sabes por qué?

Estoy pensando que si alguien te ha visto leer el libro boca abajo seguramente habrá creído que te faltaba un tornillo.

¿Estás riéndote tú también?

¡Bien! ¡Estupendo! Estás aprendiendo el arte de vivir feliz.

Pero ahora retomemos de verdad el camino.

Aceptar los propios pensamientos negativos

Todos tenemos periodos en los que se nos presentan pensamientos desagradables.

Las personas tranquilas los aceptan serenamente... y en poco tiempo desaparecen.

Pero, ¿qué hacen las personas inseguras?

Se detienen más de lo debido en sus pensamientos desagradables, y piensan más o menos así:

«Pero, ¿por qué tengo estos pensamientos desagradables?»

«¿Por qué pienso a menudo en estas cosas horrendas?»

«¿Ocurrirán de verdad las cosas malas que pienso?»

«¿Cometeré de verdad esta acción inmoral que me viene a la cabeza?»

Entonces tienen fuertes ganas de eliminar tales pensamientos negativos que se van repitiendo.

No hay error peor.

Al intentar continuamente borrar de la mente los malos pensamientos, lo único que hacemos es grabárnoslos más aún. Porque se prolonga el tiempo que les dedicamos. Si luego hay enfado porque no se consigue echarlos, es todavía peor... porque tales pensamientos adquieren una carga emotiva... y eso hace que los memoricemos más... y que acudan más a menudo a la conciencia.

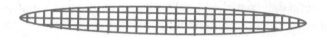

Quizá a ti también, a veces, se te pasen por la mente pensamientos feos y repetitivos...

y te pones nervioso,

y te preocupas,

e intentas echarlos de cualquier manera.

¡No lo hagaaaaas!

Debes aceptar que los tienes...

... Y seguir con tu vida..., aunque de vez en cuando se te presenten pensamientos amenazadores.

Convéncete de que no hay absolutamente nada de malo en tener en la mente continuos sentimientos de culpa, continuos pensamientos de muerte, pensamientos de poder recibir algún mal y de poder hacer el mal (a alguien o a uno mismo).

Son sólo pensamientos: simples descargas eléctricas que atraviesan tu cerebro. No tienen ningún valor si no se lo das tú.

Cuando tengas en la mente pensamientos feos y repetitivos, piensa rápidamente así:

> *¡Alto!*............... *Un momento*....
> *Debo aceptar estos pensamientos tan feos.*
> *No debo preocuparme por ahuyentarlos.*
> *Debo dejar que estén en mi mente sin molestarme por ello.*
> *No debo dejarme llevar por el temor de que se cumplan las cosas malas que pienso.*

¡Acepta tus malos pensamientos!
Desde que el mundo es mundo, un mal pensamiento nunca le ha hecho daño a nadie........ Desde que el mundo es mundo, un mal pensamiento no tiene ningún valor si no va acompañado por la voluntad de acción.

Un pensamiento cualquiera: el más fuerte, el más intenso, el más obsesivo, no puede empujarte a actuar como él quiera si no lo deseas.

¡Acepta tus malos pensamientos!

En la vida, en la sociedad, en el mundo, hay muchas cosas buenas, pero también muchas cosas malas. Hay que disfrutar de las buenas y aceptar las malas.

Tu mente también es así: hay pensamientos buenos y pensamientos malos.

¿Qué le vas a hacer?
¿Quieres tener los buenos y no los malos?
¡No es posibleeeeeeeeee!
Lo bueno existe en la misma medida que existe lo malo.
Si no existiera lo malo, no existiría tampoco lo bueno.
Porque lo feo es la antítesis de lo bello.
Si se eliminara lo malo, también se eliminaría lo bueno.
Y vivir no sería un lindo vivir.

> *Algunas nubes vuelven el cielo más azul.*

Aceptar la propia inseguridad

Hoy en día circulan por el mundo millones de personas inseguras, tímidas que no saben relacionarse con la gente...
... y temen hablar en público,
... y se inquietan cuando la atención del grupo está dirigida a ellos,
... y se sienten atormentados por la ansiedad cuando hacen algo mal mientras los demás los observan,
... y suelen pensar que los otros piensan mal de ellos,
... y piensan que los otros los miran porque son estúpidos,
... y piensan... piensan... piensan...
¿Tú también eres una de estas personas?
¡No te preocupes! ¡No es grave!
Resolverás fácilmente este problema si usas a menudo la siguiente técnica psicológica: «ACEPTA LA PROPIA INSEGURIDAD».

De hoy en adelante, cuando estés en público y la inseguridad te bloquee, piensa así:

¡Alto!...
¿En este momento me siento a disgusto?
¿Y?
Sentirme a disgusto a causa de mi inseguridad significa simplemente no estar a gusto. No significa ser inútil.
¿Se notará mi inseguridad?
¿Y?

Pensarán que soy una persona insegura, no que soy una persona estúpida, mala o deshonesta.

Soy yo el que piensa que ellos piensan mal de mí.

*Por tanto, **aceptaré serenamente mi inseguridad...** y seguiré estando con ellos y hablando con ellos, aunque me sienta a disgusto.*

* * * * * * * * * * * *

¡Acepta tu inseguridad!

No confundas la inseguridad con el sentido del valor.

Puedes ser perfectamente una persona insegura y al mismo tiempo inteligentísima.

Puedes ser una persona tímida, desastrosa, problemática y, al mismo tiempo, simpática y querida por todos.

¡Acepta tu inseguridad!

Cuando la sientas, no la escondas... No te canses fingiendo ser una persona segura de ti mientras por dentro eres presa de la agitación.

Este tipo de esfuerzo te hace más daño que quedar mal eventualmente manifestando tu inseguridad.

Lo que cuenta en la vida es vivir felices...... y se puede vivir feliz tranquilamente siendo inseguro.

Cuanto más se acepta la propia inseguridad...
más llegamos a estar seguros de nosotros mismos.

Aceptar la propia ansiedad

Quizá tú también seas una de esas personas demasiado emotivas, demasiado aprensivas, demasiado inquietas...
y estallas por una tontería,
y reaccionas ante cada pequeño estímulo,
y a menudo el corazón te late fuerte en el pecho.
En este caso, significa que eres una persona nerviosa.
Nada grave. Nada de lo que preocuparse.

Tener un poco de ansiedad en esta sociedad loca de hoy es normal, normalísimo. ¡Sería raro no tenerla!
Los problemas empiezan cuando a la ansiedad se le suma la preocupación: «¿¡Qué me está pasando!? ¿Por qué siento esto?».
Si además las crisis de ansiedad se repiten a menudo, adiós a tu serenidad.

¿Por qué?
Porque nace en ti otra preocupación causada por haber tomado conciencia de que eres una persona angustiada.

¿Por qué te molesta saber que eres una persona angustiada?
- Porque en tu mente tienes el concepto (equivocadísimo) de que una persona angustiada es una persona diferente, anormal, quizá enferma de mente.
- Porque temes convertirte en objeto de burla, de compasión, de discriminación, de marginación.
- Porque no eres como tu imagen ideal pretende que seas: una persona serena, tranquila y segura de sí misma.

Y así, intentas esconder tu ansiedad: a los demás y, sobre todo, a ti.

¡No cometas este error garrafal, te lo suplico!

Convéncete con todas tus fuerzas de que **no hay absolutamente nada de malo en ser una persona angustiada**.

Hoy en día, tener ansiedad, sentir un poco de fobia o miedo no significa ser anormal, diferente, loco; sino angustiado, simplemente angustiado.

Hoy en día, estar angustiado, estresado, agitado, nervioso es normal, normalísimo. Lo anormal es no estarlo.

De hoy en adelante, cuando estés en público y la ansiedad se te presente, no la escondas.

Cuando te muestres a los demás auténticamente sé siempre amable, incluso sintiendo ansiedad... Porque si eres falso, envías, sin darte cuenta, mensajes no verbales de antipatía, aunque a los demás les parezcas la persona más tranquila y más segura del mundo.

¡No escondas tu ansiedad!

No hay absolutamente nada malo en decir a los que tienes cerca: «*Perdonadme si notáis en mí mucha tensión. Tengo uno de mis típicos ataques de ansiedad*».

¡Acepta tu ansiedad!

Cuando la notes, no la aumentes asustándote... La ansiedad no ha matado a nadie...... No se ha dado nunca un caso de muerte a raíz de un ataque de ansiedad.

Tener ansiedad, estar agitado e inquieto, es una condición psicológica y física molesta, pero no dramática.

¡Acepta tu ansiedad!

Sólo así podrás reducirla... Sólo así podrás encontrar la serenidad...

.... Y será un lindo vivir.

> *Cuanto más se acepta la propia ansiedad,*
> *más se la reduce.*

Aceptar la propia depresión

(Antes de empezar este fragmento debo advertir algo...
La depresión de la que hablo no es la depresión fuerte, la crónica, sino la depresión ligera, la que es saludable, ocasional.)

A menudo todos atravesamos un periodo difícil, un periodo en el que nos cae encima una serie de problemas. En esos casos nuestra mente no aguanta el peso psicológico de los disgustos y frustraciones padecidos.

Entonces, ¿qué hace?

Aplica un «mecanismo de defensa» del propio equilibrio, y descansa encerrándose... en la depresión.

La depresión ocasional es nuestra amiga. Nos hace reflexionar sobre la forma poco felicible que tenemos de llevar nuestra vida... y nos hace tomar medidas.

Para nosotros padecer depresión es normal, normalísimo... ¡Pobre del que no la sufra!

El verdadero y gran sufrimiento empieza cuando consideramos que la depresión es un problema, un castigo, una tragedia... y nos culpamos... nos dañamos el alma... nos castigamos la mente... y nos devanamos los sesos.

¡No hay que cometer ese error garrafal!

Cuando estamos deprimidos nos tenemos que convencer de que no hay absolutamente nada de malo en ello.

Cuando estamos deprimidos no nos tenemos que detener como si estuviéramos ante las barreras de un paso a nivel. Podemos seguir haciendo lo que hacíamos, aunque dentro de nosotros nos sintamos desganados y melancólicos.

Cuando atravesamos un periodo de cefalea, ¿nos detenemos?........... No.

Cuando tenemos una molesta alergia que no nos deja tregua, ¿acaso nos detenemos?............ No.

Pues bien... cuando tengamos depresión también tenemos que seguir adelante.

Quizá tú también sientes depresión de vez en cuando... y te preocupas... y te consideras una persona enferma... alguien de segunda fila... y tus días se vuelven oscuros.

De hoy en adelante no pienses más así: acepta tu depresión. Estar bajo de moral, tener poco entusiasmo, sentirse triste es una condición molesta, pero no grave.

¡Acepta tu depresión!

Puedes perfectamente ser una persona deprimida y, al mismo tiempo, activa, eficiente, amable con los demás y capaz de hacer bien lo que haces.

Cuando sientas la depresión, piensa así:

> ¿Me siento bajo de moral?... ¿No tengo ganas de nada?
>
> ¿Y?
>
> **Acepto serenamente esta depresión.**
>
> Y continuaré igualmente mi actividad aunque no la lleve a cabo con alegría y entusiasmo.
>
> Y seguiré viviendo y extrayendo de la vida todo lo que puede ofrecerme.

....

Un consejoooooo...

¡Acepta serenamente tu depresión!...

... y, poco a poco, las nubes grises que ofuscan el cielo del alma se despejarán... y volverás a ver el sol.

.... Y será un lindo vivir.

Para vivir feliz, lo más importante es esforzarse en hacer lo que hay que hacer, sobre todo cuando no se tienen ganas.

Aceptar la propia muerte

Nosotros tememos la muerte.
Eso es natural.

Todo en nosotros tiende a defendernos de la muerte: los instintos, las sensaciones, las emociones, las preocupaciones, los miedos...
Se puede decir que somos una máquina antimuerte, un sistema orgánico que lucha continuamente contra ella: cada día, cada hora, cada momento.

Nosotros tememos la muerte.
Pero, más que la muerte física (la muerte de nuestro cuerpo), tenemos la muerte mental... la muerte de la entidad psíquica llamada Yo: nuestra muerte.
Difícilmente aceptamos la idea de tener que morir, de terminar en un ataúd, a oscuras, bajo tierra: sin poder ver más la luz del sol, ni a nuestros seres queridos, las cosas a las que estamos apegados. Pero, sobre todo, difícilmente aceptamos la idea de que todo termina, de tenernos que disolver, de tener que entrar en el vacío absoluto, en la nada de la eternidad.
Y así nos inventamos de todo para reducir el sutil, pero terrible sentido de angustia que el pensamiento de la muerte provoca en nosotros.

No hay error más grande.
Nosotros no debemos temer la muerte más de lo justo y natural.
Es la muerte la que da significado a la vida.
Si no existiera la muerte, no tendríamos en nosotros los elementos naturales preparados para combatirla: los instintos, las sensaciones, las emociones, las preocupaciones, los miedos. No sentiríamos nada: ni disgustos ni placeres, ni dolores ni alegrías, ni rabia ni felicidad... y no tendríamos ningún sentimiento: ni odio ni amor, ni tristeza ni felicidad.

Si no existiera la muerte, caeríamos en la inercia, en la apatía, en la depresión más profunda. Nada tendría valor. Nada serviría para nada. No tendríamos más motivación por vivir.
Estaríamos vivos, pero muertos.

Quizá tú también, de vez en cuando, pienses mucho en la muerte...

y un escalofrío te recorre la espalda,

y te dejas invadir por un sentimiento de melancolía...

e intentas huir de cualquier manera de la angustia existencial que te genera ese pensamiento.

¡Acepta la muerte!

Cuando la encuentres (en una noticia fúnebre, en una persona condenada por una grave enfermedad, en un cadáver...), mírala de frente sin dejar que te afecte más de lo necesario.

¡Acepta la muerte!

No evites pronunciar su nombre cuando estés con los demás.

Haz que la palabra muerte no tenga para ti un significado desagradable, un valor negativo.

Dale la vuelta a la situación.

Haz que el pensamiento de la muerte, la palabra «muerte» haga brotar en ti felicidad, gozo e incluso alegría.

¿Quieres hacer algo que yo hago a menudo aunque me tomen por loco?

¡Festeja la muerte! ¡Ensalza la muerte! ¡Ponte a bailar cuando pienses en ella! ¡Agradécele cada día el estar en el mundo!

Porque es ella la que inspira tu vida, la que te permite vivir.

San Francisco había comprendido perfectamente eso, y por eso la llamaba hermana.

Quien nos ha creado, nos ha hecho un gran favor creándola junto a todas las cosas bellas del universo.

Cuanto más se teme la muerte, menos se vive la vida.

El arco iris de la vida

La vida es un arco iris...

Contiene amarillo, naranja, rojo, índigo, verde, violeta y azul... colores maravillosos que iluminan nuestros días de alegría y felicidad.

Pero a veces las nubes cubren el sol... y el arco iris se desvanece... y el cielo se vuelve gris.

Pasan días, semanas, meses, años... y al final olvidamos los colores del arco iris... y nos convencemos de que el cielo siempre ha sido gris, que es gris por naturaleza.

Ya no nos imaginamos el sol más allá de las nubes.

Ocurre lo mismo con nuestra felicidad.

Cuando nuestro cielo psicológico está lleno de nubes durante mucho tiempo, nos convencemos de que el sol de nuestra felicidad se ha apagado y que ya no creará ningún alegre arco iris.

No es verdaaaaad.

El sol está... existe... vive... y crea vida.

Sólo tenemos que aprender a verlo más allá de las nubes.

Y también veremos los espléndidos colores del arco iris de nuestra vida... de nuestra felicidad.

Lo bello está en los ojos del que mira.

Recuerda

PARA VIVIR FELIZ DEBO ACEPTARME

¿Quieres hacer algo felicible?

¡Detente!

¡No pases todavía al próximo capítulo!

Adopta una posición mental cómoda... y piensa en lo que acabas de leer.

Todos los problemas psicológicos de todos los seres humanos nacen de la falta de aceptación de sí mismos.

¡Detente!

¡No sigas leyendo!

Relájate un poquito y piensa concienzudamente en el capítulo anterior hasta que logres convencerte de que debes aceptarte.

La aceptación incondicional de ti mismo...

... te abrirá las puertas de la felicidad de par en par.

APRENDIZAJE DIRECTO

Aprendizaje directo de...
ESTAR CON FRECUENCIA EN EL PRESENTE

En un capítulo anterior te he sugerido que estés frecuentemente con la mente en el presente, ¿lo recuerdas?
Te dije que, para vivir feliz, debes saber concentrarte en el momento que estás viviendo para poderlo vivir plenamente, ¿recuerdas?

Hoy, pasados unos meses, me ha surgido la siguiente duda:

«No será fácil para la persona que me lee adoptar la buena costumbre de estar a menudo con la mente en el presente.
¡¡Qué puedo hacer para ayudarla!?
¡¡Qué hago!?
Ya lo tengo... Haré que se ejercite usando este nolibro.»
Así que he insertado este fragmento.

¿Quieres acostumbrar tu mente a vivir más a menudo en el presente?
¿Sí?
Entonces entrénate concentrándote en lo que estás leyendo.

Si aprendes a estar en el presente durante la lectura de un nolibro, conseguirás estar a menudo en el presente durante el día...
... y vivirás mejor.
... y vivirás más.

* * * * * * * * * * * * * *

Ahora concéntrate en este momento que estás viviendo.
Sí, este momento, justo éste.

Piensa bien en lo quieren decir las frases de aquí arriba. Reflexiona mucho sobre lo que quiero decirte. Intenta captar mis sentimientos.
Piensa en ti, que estás leyendo este nolibro...
en la posición de tu cuerpo,
en tu estado de ánimo,
en todo lo que está a tu alrededor (en las cosas que ves, en los sonidos que oyes, en los olores que percibes).

¿Quieres entrenarte más en concentrarte en el presente?... ¿Sí?

Entonces, hagamos este juego.

A continuación escribiré cinco aforismos míos. Pero no los leas rápidamente, concéntrate en ellos.

1º -«A veces es muy sabio ser poco serio».

2º - «Mientras haya vida, hay esperanza; pero si se espera siempre sin actuar, no hay vida».

3º - «El sabio no necesita demostrar que lo es».

4º - «¿Un día de león o cien de oveja?... ¡Cincuenta de zorro!».

Bien... ahora concéntrate en el segundo aforismo, pero sólo en el segundo, ¿de acuerdo?

Intenta captar el significado más amplio de cada frase.

Intenta percibir todos sus matices.

Intenta degustar su dinámica composición, sus metáforas, su forma, su final.

¿Has saboreado bien el segundo aforismo? ¿Has disfrutado de su belleza, de su originalidad?

Bien... ahora concéntrate sólo en el cuarto aforismo, pero sólo en el cuarto, ¿de acuerdo?

Intenta captar su importancia en su brevedad y su simplicidad.

Intenta «sorberlo» lentamente.

Procura notar todos sus «sabores».

¿Lo has disfrutado?.....................................Bien.

A partir de este momento, durante la lectura de este nolibro, concéntrate todo lo que puedas en el instante que estás viviendo.

Vivirás mejor este nolibro.

Vivirás más este nolibro.

De hoy en adelante, durante el día, concéntrate todo lo que puedas en los momentos que vives.

Vivirás mejor tu día.

Vivirás más tu día.

.... Vivirás más y mejor tu vida.

Aprendizaje directo de...
NO ENFADARSE CUANDO
ALGO NO SE LLEVA A CABO

Ahora te desvelaré un secreto importantísimo para vivir feliz. Es un secreto que siempre funciona y que ha ayudado a millones de personas a alcanzar la felicidad. Seguro que también te hará sentirte feliz cada día, cada hora... Ahí va...

Una vez por semana, a medianoche, asómate a la ventana a mirar las estrellas, luego coge un vaso de cristal azul y lánzalo hacia el norte. Supongo que a estas alturas ya habrás captado que no voy a revelarte ningún secreto, sino que quiero crearte dificultades con estas palabras para que no entiendas bien lo que te quiero decir. Así te acostumbrarás a no necesitar saber cómo va a acabar lo de mi gran secreto... Ahora ya habrás entendido que no quiero desvelarte ningún secreto, sino que quiero crearte dificultades con estas palabras para que no entiendas bien lo que te quiero decir. Así te acostumbrarás a no necesitar saber cómo va a acabar lo de mi gran secreto... Ahora ya habrás entendido que no quiero desvelarte ningún secreto, sino que quiero crearte dificultades con estas palabras para que no entiendas bien lo que te quiero decir. Ahora ya habrás entendido que no quiero desvelarte ningún secreto, sino que quiero crearte dificultades con estas

¿Las palabras del párrafo anterior son demasiado pequeñas y no te desvelan el fantástico secreto que te iba a confesar?........ No es un error de imprenta....... Es un recurso mío para acostumbrarte a que no te enfades cuando algo te bloquea mientras actúas.

Me explico mejor.

Tú tienes la costumbre de empezar algo y llevarlo a término. Empiezas a leer algo... y quieres terminarlo. Empiezas a ver una película en la televisión... y quieres verla hasta el final, para saber cómo acaba. Entras en un camino... y quieres saber adónde conduce.

En pocas palabras, has habituado tu mente a esquemas acabados, a caminos racionales e itinerarios completos: inicio, parte central y fin.

Pero eso no concuerda con los objetivos de la felicidad porque, por un motivo u otro, cuando no logras terminar lo que estabas haciendo te enfadas... y adiós felicidad.

Pues bien....... si durante la lectura de este extraño libro te acostumbras a no quedarte mal cuando no puedes saber el final de un fragmento a causa de un punto de letra demasiado pequeño... te acostumbrarás, en la vida, a no quedarte mal cuando no puedas conocer el final de algo que te interesa.

Intenta entenderlo............. La vida no es partir de un punto para llegar a otro......... La vida es recorrer el camino... y recorrerlo bien, con entusiasmo y alegría.

En la vida es necesario tener una meta, pero no es preciso pretender alcanzarla a toda costa.

En la vida, el camino es la meta.

Todos queremos llegar a obtener lo que deseamos, y para lograr los objetivos que nos hemos fijado hacemos de todo, hasta

¿Quieres hacer algo felicible?
Deja de leer y abre al azar alguna página
anterior... lee la frase más grande que apa-
rezca... y reflexiona sobre ella durante
unos minutos.

¡Eh! ¡No avances!
¡Vuelve atrás!... ¡Vuelve atrás!... ¡Vuelve
atrás!

*A VECES PARA AVANZAR MÁS RÁPI-
DAMENTE LO MEJOR QUE SE PUEDE
HACER ES... RETROCEDER.*

¡Eh! ¡No avances!
¡Vuelve atrás!... ¡Vuelve atrás!... ¡Vuelve
atrás!

¡Eh! ¡No avances!
¡Vuelve atrás!... ¡Vuelve atrás!... ¡Vuelve
atrás!

¡Eh! ¡No avances!
¡Vuelve atrás!... ¡Vuelve atrás!... ¡Vuelve
atrás!

¡Eh! ¡No avances!
¡Vuelve atrás!... ¡Vuelve atrás!... ¡Vuelve
atrás!

¡Eh! ¡No avances!
¡Vuelve atrás!... ¡Vuelve atrás!... ¡Vuelve
atrás!

¡Eh! ¡No avances!
¡Vuelve atrás!... ¡Vuelve atrás!... ¡Vuelve
atrás!

¡Eh! ¡No avances!
¡Vuelve atrás!... ¡Vuelve atrás!... ¡Vuelve
atrás!

REDUCIR EL TEMOR
AL JUICIO AJENO

La potencia de la mente

Tú eres fuerte...
más de lo que crees, más que todos tus miedos y tus inseguridades...
porque, aunque tu vida esté plagada de obstáculos, llena de errores, cargada de disgustos, todavía no has perdido las ganas de luchar.

Tú eres grande...
más de lo que te imaginas, más que todos esos «pequeños hombres» que se creen grandes sólo porque tienen mucho dinero...
porque aunque no hayas cumplido del todo tus sueños, sigues teniendo ganas de hacer y de vivir.

Tú eres poderoso, enormemente poderoso...
mucho más que otras personas que se creen más potentes que tú...
porque en tu mente tienes un potencial que te puede hacer alcanzar cimas altísimas. Sólo debes encontrarlo y «extraer» sus preciosas cualidades.

Así es que ¡muévete!............ Encuentra tu Yo verdadero: el fuerte, el grande, el poderoso.
Verás que no es difícil.
Sólo debes liberar tu actual Yo del temor más dañino que existe: el temor al juicio ajeno.
Después de esto, la calle de tu felicidad será sólo bajada.
.... Y será un lindo vivir.

> *Encuentra un tesoro...*
> *quien se encuentra a sí mismo.*

Aumentar la propia autoestima

Ya te he hablado de la autoestima en uno de los capítulos anteriores, ¿recuerdas?... Te dije que sin ella resulta difícil tener éxito en esta vida, ¿lo recuerdas?... También te dije que debías valorarte más para tener menos miedo a equivocarte, ¿recuerdas?

En este capítulo te hablaré más extensamente de la autoestima, porque la carencia de autoestima es la causa principal del miedo al juicio ajeno.

El concepto de autoestima

Nosotros somos animales:
animales racionales, pero animales,
animales sofisticados, pero animales.

Nosotros, como todos los animales de esta tierra, vivimos en grupo, o en sociedad si se quiere decir.

La vida en sociedad no es fácil... surgen a menudo dificultades que hay que afrontar y problemas que hay que resolver, contrariedades, inconvenientes, imprevistos, descuidos, equívocos.

Para superar todos estos obstáculos (y vivir feliz) es indispensable disponer de una buena fuerza interior.

Esta fuerza nos la proporciona la autoestima.

La autoestima es un pensamiento que circula por la mente como la sangre circula por el cuerpo.

La sangre cede a las células del cuerpo las sustancias nutritivas. La autoestima hace lo mismo: le proporciona sustento a la fuerza moral... es el oxígeno del coraje.

* * * * * * * * * * * * * *

Para afrontar la maravillosa aventura que es la vida, cada uno de nosotros debe sentir que vale, debe sentir que está preparado para actuar, para conseguir lo que se propone...; en definitiva, debe valorarse.

La autoestima es como la fuerza en las piernas para poder caminar, en las manos para poder coger, levantar, lanzar.

Es un sentimiento de potencia que es preciso tener en la mente para hacer cualquier cosa. Sin ella las dificultades de la vida serían insuperables: una colina se convertiría en una montaña.

Por tanto, es indispensable tener buenas cantidades de autoestima.

El árbol de la autoestima tiene cuatro ramas:
– la autoestima existencial,
– la autoestima psicológica,
– la autoestima material,
– la autoestima social....

Vamos a curiosear.

La autoestima existencial, o el concepto de valer porque se existe.

Cada uno de nosotros nace con un valor intrínseco: la vida. Y nadie nos lo puede quitar: ni los fracasos, ni las críticas de los demás, ni nuestras autocríticas. Nadie, salvo la muerte.

Quien se valora existencialmente piensa:

Yo valgo...
... por lo que soy.

Valgo... porque existo, porque vivo, porque respiro, porque pienso.

Si no viviera, no valdría.

Si fuera una persona que no ha nacido o que ha muerto, no valdría.

Pero vivo, por tanto, valgo.

Recuérdalo siempre: TÚ VALES...
aunque no hayas hecho nada importante,
aunque seas un desastre,
aunque seas la última persona de la tierra.
Y manda al reino de las sombras grises a tu geniecillo maligno
que te sugiere lo contrario.
Y, ya que estás, manda allí mismo también a los que no te valo-
ran.

La autoestima psicológica, o el concepto de valer porque se es.

La autoestima psicológica es un sentimiento que nace de
nuestro buen comportamiento. No importa si lo que obtenemos
es poco o tiene escasa importancia con tal de que lo hayamos ob-
tenido usando nuestras mejores capacidades psicológicas: empeño, perseverancia, alegría, amor, honestidad y una pizca de creatividad.

Quien se estima psicológicamente, piensa así:

Yo valgo...

... porque en todo lo que hago, pongo empeño y amor.

*Valgo... porque soy moralmente fuerte...
no me rindo rápidamente ante las dificultades... soy capaz de soportar los dolores y
los disgustos... consigo aceptar las dificultades de la vida y a los demás.*

*Valgo... porque estoy en plena posesión de
mí: de mis pensamientos, de mi emotivi-
dad, de mis peores instintos, etc.*

Un consejooooooo...
Intenta construirte una buena autoestima psicológica. Esfuérzate
en poner amor en todo lo que haces. Esfuérzate al hacer las cosas.
Cuando tengas una autoestima psicológica más fuerte...
- poco te importará haberte equivocado cuando te equivoques,
porque no relacionarás el error con tu sentido del valor...
- sacrificarás poco por tener éxito, porque no identificarás el éxito con tu sentido del valor...
- te afectarán poco las críticas malignas de los demás, porque no
confundirás su estima con tu sentido del valor.

Cuando tengas una estima psicológica más fuerte, tu límite será el cielo.

*La autoestima material, o el concepto de valer por lo
que se tiene.*

La autoestima material nace del haber conseguido
tener: dinero, bienes, estima, prestigio, poder, seguridades. (Quizá mediante el uso de la astucia o de sospechosas ha-
bilidades comerciales.)

Al que se estima materialmente no le importa un
comino si ha tenido que emplear la constancia, la creatividad, el corazón, el alma, con tal de que haya conseguido tener.

Quien se estima materialmente piensa así:

*Valgo... porque tengo una buena renta anual, una gran
cuenta en el banco, una casa de propiedad bien amue-
blada, y otras muchas cosas de valor.*
*Valgo... porque llevo vestidos caros, como platos sofisti-
cados y compro siempre productos de marca.*
Valgo... porque tengo poder económico y social.

Por tanto, el valor de la autoestima material es tener, tener mucho: mucho dinero, muchos bienes, mucho prestigio, mucho poder. En definitiva: tener, tener, tener.

Quizá en este momento estés pensando: «*Entonces, cuanto más tenemos, más se nos valora*».........

Te equivocas.

Porque la autoestima es un fenómeno interior, no exterior. No depende de lo que se tiene, sino de lo que se es.

El mundo de la autoestima es el mundo del ser, no del tener y...

para vivir felices hay que arreglárselas para que la propia mente esté más a menudo en el mundo del ser y menos en el del tener.

Sólo así podemos convertirnos en amigos íntimos de la felicidad.

.... Y será un lindo vivir.

 # La autoestima social, o el concepto de valer porque lo dicen los demás.

La autoestima social no está basada en el valor real de uno mismo, sino en el aparente.

A la persona que se nutre de este tipo de autoestima poco le importa si vale verdaderamente con tal de que los demás así lo crean... Y así, con tal de recibir aprobación y evitar las críticas...

... es como los demás desean que sea,

... actúa como los demás esperan que actúe,

... se esfuerza por ser irreprochable (en el vestir, en la persona, en los modales).

En definitiva, vende su alma.

La autoestima social es poco consistente, da poca fuerza moral, poco calor psicológico. Es como la gasolina sobre el fuego: apenas se vierte, provoca una llamarada, y después el fuego se apaga rápido.

Una señal de aprobación o un elogio hacen advertir enseguida una bella sensación de valor, pero dura poco.

En cuanto estemos de nuevo solos con nosotros mismos, aparece la típica autoestima baja de todos los días.
Y nos llega la infelicidad.

Quien se estima socialmente piensa así:

«La gente me dice o piensa que valgo, por tanto, valgo. Soy bueno porque los otros piensan que lo soy.»

Un consejooooooooooooooo...
¡No te dejes hechizar por la autoestima social! ¡No caigas en sus dulces trampas! ¡No caigas en sus brazos!
                              ... Y tu vida te lo agradecerá.

La autoestima general

De todo lo que he descrito antes, seguramente habrás comprendido que la autoestima general (comúnmente llamada autoestima) está compuesta por todas las autoestimas anteriores. Y habrás comprendido también que para ser fuertes y estables, nuestra autoestima debe estar compuesta, sobre todo, por autoestima psicológica y por autoestima existencial. En este caso, es inseparable.

Podemos sufrir un bajón económico, fracasar en una importante empresa, ser abandonados por nuestra pareja, pero nuestra autoestima no se derrumbará. Podrá vacilar, podrá tambalearse, podrá dudar; pero jamás derrumbarse.

Si, en cambio, nuestra autoestima está compuesta, sobre todo, por autoestima material y social, poco a poco, con los golpes ajenos y los del destino, se reducirá... y nacerá en nosotros la falta de amor propio: el gran enemigo de nuestra felicidad.

La falta de amor propio

La falta de amor propio es un pensamiento sutilísimo que vive en las zonas profundas de nuestra mente. Se compone sólo de dos palabras, pero provocan daños incalculables...: aquí están: «*Valgo poco*».

Hay después otro sutilísimo pensamiento que, añadido al anterior, hace más perjudicial la falta de amor propio. Está compuesta por las siguientes palabras: «*Soy inferior. Los demás valen más que yo*».

Cuando en la propia mente habita la falta de amor propio, nace el TEMOR AL JUICIO DE LOS DEMÁS.

Reducir el temor al juicio ajeno

¿Qué hace una persona que siente que vale poco y que cree valer menos que los demás?

Hace todo lo posible por convencer a los demás (y a sí misma) de que vale, que vale mucho, que vale igual que ellos o más.

Gran parte de su comportamiento tiende a satisfacer esta necesidad suya de hacerse valer............ Y de esta forma............

... Intenta tener más para hacerlo notar a los demás, y decirles indirectamente: «*¡Mirad cuántas cosas bellas tengo! Yo no soy una persona de poco valor. No soy una persona con poca clase...*»

... Intenta vestir elegantemente para que los otros piensen: «*Mira qué bien viste X. Es verdaderamente una persona que vale.*»

... Intenta frecuentar personas importantes para que los demás piensen: «*¿Has visto con quién estaba X? Si frecuenta gente de este tipo, significa que es una persona que vale*».

Quizá tú también, en tu fuero interno, pienses que vales poco, o que no eres capaz, o que eres inferior a los demás.

E intentas recibir la aprobación y evitar las críticas... para tener más estima.

E intentas tener más cosas........ para tener más estima,

E intentas tener más éxito......... para tener más estima,

E intentas tener más poder........ para tener más estima,

E intentas tener una casa elegante....... para tener más estima,

E intentas tener prendas de moda...... para tener más estima.

¡No cometas este inmenso error, te lo suplico!

Para tener más estima tienes que intentar incrementar tu autoestima psicológica y existencial, no buscar la estima en los demás.

Me preguntarás: «*Pero, ¿cómo lo hago, Omar?*».

Te responderé: «*No es difícil*».

En primer lugar, debes aceptar tu falta de amor propio pensando a menudo así:

¿Pienso que valgo poco y que no soy competente?
No me importa.
No hay absolutamente nada de malo en tener en la mente el pensamiento de no ser competente.
¿Creo que valgo menos que los demás?
De acuerdo, acepto serenamente esta carencia mía de amor propio.
De hoy en adelante no me dejaré trastornar por este pensamiento tonto. Lo aceptaré serenamente.

Un consejooooo...

Hazte amigo de los pensamientos felicibles que aparecen antes.

Haz que suban a menudo a tu conciencia, hasta que no seas capaz de aceptar serenamente tu falta de estima.

Después de esto, puedes pasar a la segunda fase: combatir directamente la falta de estima, pensando así:

¡Alto!...

¿Pienso que valgo poco porque, hasta ahora, he hecho pocas cosas?

¿Pienso que valgo poco porque no tengo muchas cosas?

Me equivoco si pienso así.

No debo identificar mi sentido del valor con lo que he realizado o con el prestigio social.

Yo valgo: porque soy un ser humano, porque siento que valgo, porque lo decido yo.

De hoy en adelante me importará poco lo que los demás digan o piensen de mí.

De hoy en adelante reduciré aquellos comportamientos que tienen como objetivo recibir elogios y evitaré las críticas.

Un consejooooo...

Aprende bien de memoria los pensamientos felices de aquí arriba. Haz que circulen por tu mente durante todo el día.

Te ayudarán a liberarte del temor al juicio de los demás.

Te ayudarán a mejorar tu personalidad.

.... Te ayudarán a mejorar tu vida.

> *La persona más importante que tenemos que conocer*
> *para tener éxito en la vida...*
> *... somos nosotros mismos.*

Reducir la no autenticidad

Todos tenemos la necesidad natural de recibir aprobación y de no recibir críticas y, como consecuencia, somos falsos.

Pero, no debemos exagerar, de lo contrario, se forma en nosotros un Yo falso... y nos convertimos en seres artificiales, sin alma, alienados de nosotros mismos.

Cuando nuestra autoestima es sobre todo de tipo social, para nutrirla con elogios y no hacer que vacile con críticas, usamos a menudo la no autenticidad.

No hay error más grande.

No debemos desperdiciar energías intentando usar incorrectamente nuestra tambaleante autoestima. Es mejor construirse una autoestima fuerte, bella y estable.

¿Cómo?

Actuando en dos frentes:

— 1°. **Reduciendo los pensamientos negativos de la falta de estima**: *«Valgo poco. Valgo menos que los demás. Debo demostrar que valgo».*

De esta forma, reduciremos también la necesidad de recibir elogios y de evitar críticas.

— 2°. **Modificando los comportamientos erróneos nacidos de la falta de estima, es decir, actuando espontáneamente en vez de ser falsos.**

De esta forma, reduciremos los pensamientos negativos que son la base de nuestro comportamiento erróneo.

Aplicando la primera teoría, es decir, esforzándonos en reducir los pensamientos negativos de la falta de estima, pensaremos así:

¡Alto!.......
Un momento........
Estoy a punto de ser falso.
¿Por qué?
¡Ah!... Ya entiendo... Estoy intentando demostrarles a los demás mi valor.
Pero no es necesario.
Porque yo valgo, creo que valgo, siento que valgo.
Me comportaré auténticamente.
Que los otros piensen lo que quieran.

Aplicando la segunda teoría, es decir, esforzándonos en comportarnos auténticamente, pensaremos así:

He notado que comportándome au-
ténticamente los otros me estiman
igual.
Por tanto, no tengo necesidad de
demostrarles a ellos lo que valgo.
No necesito ser falso.

* * * * * * * * * * * * * * * * *

Un consejoooooo...
Empieza por donde quieras.
Reduce primero tus pensamientos negativos.
Reduce primero tus comportamientos erróneos.
Redúcelos a la vez.
Haz lo que quieras... Pero hazlo ya.
La verdadera vida te espera.

.... La vida no espera.

> *El mejor truco que hay para ser feliz es...*
> *... ser uno mismo.*

Ser más espontáneo

Cuando estés con personas que te importan poco, pue-
des ser falso.
Sin embargo, cuando estés con personas con las que deseas
construir una buena relación (y sean psicológicamente ma-
duras) aumenta tu autenticidad.

¿Qué debes hacer?
- No obedezcas pensamientos de este tipo: «*Debo prestar atención*
a cómo hablo y a cómo actúo; de lo contrario, pensarán mal de mí».

- No tengas miedo de no seguir las estúpidas reglas de la buena convivencia civil o las más estúpidas aún de la urbanidad.
- No tengas miedo de perder estima, compañía o afecto.

Podrás sufrir cualquier tipo de pérdida, que siempre será poca cosa comparada con la fantástica sensación que proporciona el ser tú mismo, auténticamente tú.

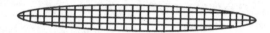

Cuando estés con personas conformistas, insegu-ras, angustiadas, puedes ser falso. Pero, si estás con personas maduras, aumenta tu autenticidad.

¿Qué debes hacer?

- Cuando te des cuenta de que te estás dando aires de su-perioridad, que tienes una expresión facial que no es la tuya... páralo todo y... sé tú.
- Cuando te des cuenta de que estás usando palabras so-fisticadas (para que la gente vea que vales)... páralo todo y... sé tú.
- Cuando te des cuenta de que estás a punto de sonreír mientras dentro de ti tienes ganas de llorar, no lo ha-gas... Sé tú. ¡Llora!

Y tu llanto te hará ganar algo que vale mucho más de lo que habrías ganado con tu falsa sonrisa: tu verdadero Yo.

- Cuando tengas ganas de reír y estés a punto de frenarte por temor a recibir críticas, no lo hagas... Sé tú. ¡Ríe!

Y tu risa te hará evitar críticas mucho mayores de las que habrías evitado no riendo: las de tu verdadero Yo.

- Cuando estés a punto de silenciar una palabra que que-rrías decir, pero que tienes miedo a decir, reflexiona un poco... y (si te das cuenta de que decirla no te causará grandes problemas) dila.

Y la palabra hará que te evites problemas mucho mayo-res que los que habrías evitado no diciéndola: gastritis, úlceras, cefaleas, etc.

Cuando estés con los demás y te des cuenta de que no estás actuando auténticamente, piensa así:

¡Alto!...
Un momento...
¿Por qué estoy dando a entender que soy alguien que no soy?
¿Qué estoy intentando demostrar comportándome así?
¡Ah!... Ya entiendo... Estoy intentando obtener elogios y evitar críticas.
No seguiré actuando así.
Me comportaré auténticamente.
¿Qué podrá ocurrirme de malo?
¿Recibiré desaprobación?
¿Me echarán alguna mala mirada?
Pues que así sea.
Mejor sufrir un poco a causa de mi autenticidad que seguir arruinando mi personalidad siendo falso.

La autenticidad es una gran cosa.

Te anula la fatiga de fingir.

No tienes que inventar ni defender mentiras.

Puedes exteriorizar toda tu sensibilidad.

Si tienes ganas puedes ponerte a silbar por la calle, regalar sonrisas radiantes a diestro y siniestro o abrazar a quien acabas de conocer.

La autenticidad es una gran cosa.

Te hace estar siempre en tu mejor momento.

Hace que te sientas joven, sutil, feliz.

Hace que vueles.

¡Venga!... ¡Va!... ¡Muévete!

Ve al viejo baúl de tu mente. Saca tu autenticidad y vístete con ella cada día.

Hará que quedes siempre bien.

Pero no con los demás, sino con la persona más importante del mundo: tú.

.... Y tu Yo sonreirá más a menudo.

> *A menudo, para quedar bien con los demás,*
> *solemos quedar mal con nosotros mismos.*

Reducir el conformismo

En un preciso momento de la historia del universo, entre las miles y miles posibles combinaciones de la materia viva, nació un ser irrepetible: tú.

Tú representas algo único, original, exclusivo.

No ha existido nunca, ni existirá nunca en los siglos que vienen, un ser como tú, igual que tú, idéntico a ti.

Tú tienes formas de percibir, de sentir, de pensar que sólo posees tú.

Es tu forma de ser.

Y, por mucho que a los demás (y quizá a ti también) les pueda parecer imperfecta, son las características psicológicas que hacen de ti quien eres.

Por tanto, debes respetarlas, debes respetarte.

Es verdad, debes cambiar..., pero sólo aquellos aspectos de tu personalidad que amenazan tu bienestar psicológico.

Pero, fundamentalmente, debes seguir siendo tú.

Es verdad, debes cambiar..., pero sólo los peores aspectos de tu carácter.

Pero, fundamentalmente, debes seguir siendo tú.

Quizá tu forma de ser y de comportarte es diferente de la de los demás.

Quizá tú también tengas el concepto de que por comportarte de forma distinta a los demás eres anormal... No se te ocurre ni por asomo la posibilidad de que sean los demás los anormales.

¿Sabes qué dice un viejo aforismo?

«SI MUCHAS PERSONAS HACEN ALGO EQUIVOCADO, ESTÁ BIEN. PERO SI UNOS POCOS HACEN ALGO BIEN, ESTÁ EQUIVOCADO.»

¡No te resignes, sé tú mismo!

No bases tus modos de conducta en los de los demás. No adoptes comportamientos que no son genuinamente tuyos. De lo contrario, no conseguirás nunca desarrollar todo tu excepcional potencial latente, no conseguirás ser nunca una auténtica persona.

¡No te resignes, sé tú mismo!

La vida no es vida si no se experimenta desde la originalidad del propio sentir, desde la libertad del propio ser.

Tu vida será infinitamente más bella si dejas que tu Yo sea libre, que sea totalmente él mismo.

Son muchos los motivos que pueden empujarte a vender tu individualidad: la necesidad de seguridades, la necesidad de compañía, el temor a recibir críticas, el temor a la marginación social, las pocas ganas de luchar para afirmar tu derecho a la individualidad.

Pero tú no debes ceder.

Debes luchar... con todas tus fuerzas.

Porque, sólo siendo tú, auténticamente tú, individualmente tú, puedes esperar una vida mejor.

¡No te resignes, sé tú mismo!

Si te resignas te alejarás cada vez más de tu verdadero Yo... y eso te acabará alejando de los demás.

Si, en cambio, te muestras a los demás tal y como eres, por mucho que pueda parecerles insólito tu comportamiento, te lo agradecerán por haber tenido el valor de mostrarte sin máscaras...

... y la relación con ellos será más verdadera, más gratificante y constructiva.

¡No te resignes, sé tú mismo!

Intenta combatir la tiranía interior...

de tener que ser como los demás,

de tener que hacer lo que hacen los otros,

de tener que poseer las mismas cosas que los demás,

de tener que vivir como los demás,

y, quizá, tener que morir como los demás,

e incluso el tener que celebrar una ceremonia fúnebre como la de los demás.

Si no estás de acuerdo con ellos, mándalos al reino de las sombras grises......... y actúa como a ti te guste......... y vive como tú lo creas oportuno.

.... Y será un lindo vivir.

A veces gastamos dinero que no tenemos para
comprar cosas que no nos gustan,
con el fin de quedar bien con gente que no nos interesa.

El banquete de la vida

¡Qué extraña aventura es la vida!
No deja nunca de sorprendernos, de hechizarnos, de encantarnos.
Pero debemos vivirla.

Mientras más miedos tenemos, más intentamos huir de la vida... Pero así nunca llegaremos a ser invitados a su banquete para degustar sus manjares tanto dulces como amargos... no conoceremos nunca a los fascinantes comensales que forman parte del banquete... ni escucharemos nunca sus relatos llenos de sensaciones maravillosas que nos recargan de energía.
Y pasaremos por el escenario de la vida como sombras... sin haber recibido nunca nada y sin haber dado nunca nada.

¡Qué triste!
¿Vale la pena vivir sin vivir?.................... No.
¿Entonces?

¡Venga!............ ¡Va!............ ¡Ánimo!
Venzamos nuestros temores y formemos parte del banquete de la vida... Y hagámoslo antes de que se acaben los manjares y que los comensales se hayan ido a casa.

> *La vida es como el mar:*
> *hay gente que, por temor a navegarlo,*
> *se queda en su pobre y pequeña isla,*
> *mientras que muy poco más allá del horizonte*
> *hay riquísimos continentes.*

Recuerda:

PARA VIVIR FELIZ

DEBO REDUCIR

EL TEMOR AL JUICIO DE LOS DEMÁS

¿Quieres hacer algo felicible?
¡Detente!
¡No pases al próximo capítulo!
Adopta una cómoda posición
mental y... reflexiona sobre lo
que acabas de leer.
Todos los problemas psicológicos de todos los seres humanos nacen de la falta de
aceptación de sí mismos.

¡Detente!
¡No sigas leyendo!
Relájate un poquito y piensa in-
tensamente en el capítulo precedente hasta que te convenzas
de que tienes que aceptarte.
La aceptación incondicional de
ti mismo...
... te abrirá de par en par las
puertas de la felicidad.

¿Qué prisa tienes por avanzar?
Este nolibro no es como todos
los demás. No tienes que seguir
leyendo para saber lo que o-
curre.
En cada página hay siempre
algo útil para tu felicidad.
Cada página suya es a la vez
principio y fin.

COMUNICACION DIRECTA

Hoy me han venido ganas de comunicarme contigo.
Comunicar es fácil.
No hace falta hacer nada especial.
Basta despojar la mente de temores, dejarla que se mueva por el alma, y transmitirle todo lo que encuentra en su camino.
Comunicar es bello.

¡Qué triste debe ser la vida de los que no saben comunicar!

Bien... ahora te comunicaré lo que siento.
Espera un momento...
Estoy dejando libre mi mente y mi corazón. No añadiré nada mío. Lo harán todo ellos. Veamos qué hacen. Veamos lo que siento.

¡Ah!... ¡Sí!... ¡Ya lo tengo!... Una sensación intensa.
No sé distinguirla bien. No me resulta fácil expresarla con palabras, pero lo intentaré.
¡Ah!... ¡Sí!... ¡Ya lo tengo!... Rabia.
En este momento noto una sensación de rabia... rabia mezclada con impotencia.
Porque pienso que tú no vives al máximo de tus posibilidades. Ahora que nos conocemos desde hace tantas páginas, ahora que nuestra amistad es más grande, más bella, más íntima, tengo unas ganas locas de saber que eres feliz.

¡Vive!
¡Vive mejor!
¡Vive de modo más auténtico!
¡Vive más!

No... no puedes... no puedes seguir viviendo como lo haces en este periodo de tu vida.

No... no puedes... no debes reducir algo tan inmenso y maravilloso como la vida en algo pasajero: es tu vida.

En este momento tengo muchísima ganas de estar ahí contigo.

Quisiera poder salir de estas manchitas de tinta para abrazarte fuerte... muy fuerte, tan fuerte que te transmita toda mi energía moral, toda mi inmensa voluntad, toda mi persona.

¡Venga!... ¡Va!...

Quienquiera que seas.

Dondequiera que estés.

Sea cual sea la edad que tengas.

¡Venga!... ¡Venga!... ¡Venga!... ¡Venga!... ¡Venga!... ¡Venga!...

Yo he conseguido hacer que mi vida sea maravillosa.

Tú también lo conseguirás.

Es menos difícil de lo que crees. Sólo hace falta empezar.

¡Venga!... ¡Va!... ¡Esfuérzate!... ¡Pon toda tu voluntad!

Sufre si es necesario.

Llora si es necesario.

Desespérate si es necesario.

Pero haz algo.

No permitas que las costumbres, la inercia y los temores te venzan y........................ venzan a tu vida.

Pero, ¿qué estoy haciendo?.................... Querría comunicarte serenidad y alegría. Y te estoy comunicando rabia.

En este momento siento la tentación de arrancar este folio.

Sí... Lo arranco.

No... No lo arranco.

Venzo mi temor a no serte útil y decido conservarlo en el nolibro.

Sí, siento rabia, rabia, rabia... rabia e impotencia... por todos nuestros hermanos que viven mal, que viven una vida reducida, que mortifican la vida.

¡Qué extraño!

Siento rabia pero no estoy enfadado... ni contigo, ni con nuestros hermanos, ni conmigo mismo.

En este momento estoy pensando que es normal tener rabia.
Soy un ser humano.
¿Por qué no debería sentirla?

En este momento, noto una nueva sensación. Es una sensación positiva.
Veamos de qué se trata.
¡Ah! ¡Sí! ¡Ya lo tengo!... Alegría.
Pero, ¿cómo es posible que me alegre? ¿Por qué? ¿De qué?
¡Ah!.... Ahora lo entiendo...
Sí, me alegro de mi rabia, de mi sana rabia, de mi bella rabia.
Es fabuloso, te lo juro.
Es fantástico disfrutar de la propia rabia. ¡Qué cosas!
Jamás lo hubiera creído posible.
¡¡¡Sin embargo, es verdad, verdad, verdaaaaad!!! Consigo disfrutar de la rabia.
También tú puedes hacerlo. No es difícil.
Cuando se sabe disfrutar, se disfruta de todo.

En este momento siento un poquito de pena...
... porque pienso en la cantidad de hermanos nuestros que no consiguen disfrutar ni siquiera de sus sentimientos más bellos.

Ahora tengo una duda.
Pienso que quizá no consigas captar estos sentimientos míos, que no consigas «sentir» mis estados de ánimo, que no logres percibir mi intimidad.
¡No me importa!
No quiero tener la certeza de que esta comunicación te sirve.......... No quiero saber si pondrás en tu corazón alguna migaja del mío.
Sólo sé que me siento feliz de comunicarme contigo.
Sólo sé que te quiero.

En este momento siento un gran alivio.
Y deseo, con todo mi corazón, que tú sientas esta maravillo-

¿Quieres hacer algo felicible?

Coge un bloc de notas y copia las frases de este nolibro que consideras más útiles para aumentar tu felicidad.

Llévalo siempre contigo y en los ratos libres de tu jornada cógelo y léelo.

Así memorizarás muy bien las frases positivas que hayas elegido y te acudirán a la mente cuando estés a punto de tener algún comportamiento poco felicible...

... y eso te hará vivir mejor.

¡Venga!... Ve a comprar el bloc de notas... Te está esperando.

¡Venga!... ¡Va!...

REDUCIR LA DEPENDENCIA

El primer paso

Tú puedes elegir tu camino, puedes decidir sobre tu vida... hoy... en este momento... ya.

Si crees que en tu personalidad hay algo que no funciona, cámbiala, mejórala.

Si has llegado a la conclusión de que la vida que estás llevando te conduce directamente hacia la infelicidad, cámbiala, mejórala.

Nadie te obliga a seguir así.

¡Venga!... ¡Va!... ¡Cambia!... ¡Haz algo!

Tu vida está en juego.

¡Y vida sólo hay una, diantre!

Es verdad, hay miles de frenos que te paralizan en tu actual postura de cómoda resignación...

... pero tú avanza igualmente... y dirígete hacia una nueva meta.

Verás que durante el camino los frenos irán cediendo y todo irá sobre ruedas...

... y te será fácil recorrer los caminos de la vida.

¡Venga!... ¡Va!... ¡Ponte manos a la obra!

Ponle toda tu voluntad, todo tu empeño.

Y, poco a poco, uno a uno, lograrás deshacer todos los nudos psicológicos que te atan a tu actual vida infeliz.

¡Venga!... ¡Va!... ¡Ponte manos a la obra!

Elige un nuevo camino..... Elígelo como quieras: recto, curvo, de bajada, de subida........ con tal de que te conduzca a una vida más plena, más verdadera, más viva.

.... Con tal de que te proporcione felicidad.

¡Qué extraños somos los seres humanos!
Cuando todo nos va mal, culpamos a la vida de ser «injusta»
con nosotros; no nos damos cuenta de que somos nosotros
los que no sabemos llevarla bien.

Reducir la dependencia afectiva

Cada ser humano, tarde o temprano, toma conciencia de dos sentimientos desagradables:
EL SENTIMIENTO DE SOLEDAD EXISTENCIAL o la sensación de ser una persona que está sola: sola en el mundo, sola en el universo.
EL SENTIMIENTO DE INSEGURIDAD o la sensación de no estar seguro cuando se está solo o cuando se piensa en el futuro incierto.

El sentimiento de soledad existencial y el de inseguridad son sensaciones naturales, naturalísimas.
¡Pobre de ti si no las sintieras!
Pero las personas que no tienen serenidad, ¿qué hacen?
Emparejan, sin darse cuenta, su insatisfacción con el sentimiento de soledad y de inseguridad. Y esto les provoca una sutil, incisiva y frecuente turbación (que no quieren percibir).
«¿Cómo lo hacemos?... ¿Qué hacemos?», piensan. *«Ya lo tengo, ya lo tengo. Buscaré personas que me den compañía, afecto y seguridad.»*
Así nace LA DEPENDENCIA AFECTIVA.

Todos dependemos de alguien.
Todos necesitamos compañía, cariño y seguridad... y queremos tener cerca a personas que nos ayuden a satisfacer estas tres importantes necesidades.
Es normal, normalísimo.
Los problemas empiezan cuando esas necesidades son excesivas.
¿Por qué?
Porque tendemos a hacernos demasiado dependientes.

En este caso, para no perder la compañía, el afecto y las seguridades que nos dan las personas que frecuentamos... intentamos siempre contentarlas...

evitamos hacer o decir cosas que no aprobarían...

evitamos darles disgustos...

evitamos contradecirlas...

evitamos... evitamos... evitamos.

Claro, así estamos seguros de no perder lo que necesitamos, pero perdemos otras muchas cosas.

Perdemos la libertad de ser como somos.

Perdemos la posibilidad de realizar nuestros deseos más íntimos.

Perdemos la posibilidad de desarrollar nuestra individualidad.

En pocas palabras, nos perdemos a nosotros mismos.

....

Todos nosotros dependemos de alguien.

Pero, si dependemos demasiado, no dejamos a nuestro Yo libre de revolotear por el aire.

Lo frenamos. Lo inhibimos. Lo tenemos encerrado en una jaula (dorada, pero jaula al fin y al cabo).

Y actuamos como si a lo largo de la avenida de nuestra felicidad encontráramos grandes señales de «prohibido el paso».

Y así viene la infelicidad.

¡Qué extraños somos!

A VECES, POR COMPRAR UN RUBÍ, VENDEMOS NUESTRO COLLAR DE DIAMANTES.

* * * * * * * * * * *

Quizá tú también, igual que mucha gente, no consigas convivir con el sentimiento de soledad existencial y de inseguridad... y buscas a personas que te den compañía, afecto, seguridad... que te comprendan, te aprecien y te amen... que te ayuden a afrontar las pequeñas y grandes adversidades de la vida.

No hay peor error.

El sentimiento de soledad existencial y el sentimiento de inseguridad no se pueden eliminar.
Es inútil intentar no sentirlos usando mil artificios mentales o estando siempre en compañía. Debes aceptarlos.

Puedes tener una pareja que te ame locamente, puedes rodearte de un grupo de buenos amigos que te quieran un montón, pero tendrás siempre en mente la sensación de inseguridad y la sensación de ser
una persona que está sola: sola
en el mundo, sola en el universo.

Piensa esto:

Debo aceptar serenamente mi soledad.

Cuando consigas aceptar serenamente tu soledad ya no te sentirás una persona sola.

Quizá tú también aplaces tu felicidad para cuando encuentres a alguna persona maravillosa (o esperas que sea maravillosa la que ya tienes a tu lado).

¡Detente!... ¡No aplaces más!... ¡No esperes más!
Ya tienes a tu disposición a una persona que puede darte el afecto y el amor de mil personas juntas, una persona que puede iluminar tus días... Es inteligente, buena y cortés: justo como la quieres tú. Es simpática, culta, tiene clase: justo como te gusta a ti.
Y te ayudará a resolver todos tus problemas existenciales.
Y hará que evites todas las emboscadas de la vida.
Y te dará todo el afecto y el amor que quieras.
Y te hará feliz.
Esa persona eres tú.... Sí, tú... tú... tú.

Tú tienes todas las excepcionales cualidades que deseas en las personas que te rodean. Sólo debes sacarlas fuera de esa maraña de temores, de angustias y de inseguridades que eres tú.

Sólo tú puedes darte toda la felicidad que deseas.

Debes intentar alcanzar esa condición psicológica que te hace sentir feliz cuando estás sin cariño, y muy feliz cuando lo recibes. Sólo tú puedes darte toda la felicidad que deseas.

Tu compañero, tus personas queridas, tus amigos pueden aumentarla. Pero si no consigues que por lo menos el 51% salga de ti, no podrás nunca alzar el vuelo.

Recuerda... *NADIE PUEDE DEJARSE HACER FELIZ POR NADIE SI ANTES NO SE HA HECHO FELIZ ÉL MISMO.*

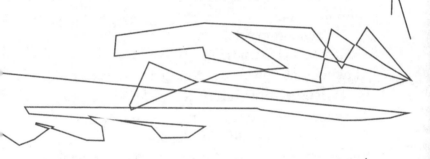

¿Has visto qué gran confusión hay en estas dos páginas?

¿Cómo has reaccionado?

Probablemente no te ha molestado y has seguido leyendo mis palabras intentando extraer lo mejor de ellas.

¿Sabes por qué?

Porque en el transcurso de todas las páginas que has leído hasta ahora te ha ocurrido más de un inconveniente y, por consiguiente, has aprendido a no enfadarte leyendo este nolibro.

Un consejoooooooooooooo...

Cuando a lo largo de tu jornada, de tu vida, haya confusión, desorden, cuando haya algo que no va como debería ir, adopta enseguida la misma reacción de tranquilidad que has adoptado al ver estas dos páginas «sucias».

Y ya no te sentirás molesto casi nunca.

Y la rabia se mantendrá alejada de ti.

.... Y será un lindo vivir.

¡Reduce tu dependencia!

Es verdad, tener a alguien que te cubre las espaldas, que te evita resbalones, que te lame las heridas y te insufla vida es muy cómodo.

Pero, si hay demasiada dependencia, el precio que debes pagar es demasiado alto: la debilitación de tu Yo.

Y eso te causará resbalones mucho más grandes que los que has evitado.

¡Reduce tu dependencia!

Si te encuentras en una situación de acentuada dependencia, no te acomodes, no te tiendas. ¡Recházala!

¿Tendrás que combatir?

Enfréntate a la batalla.

¿Tendrás que sufrir?

Predisponte al sufrimiento.

Si tu vida sabe poco de vida, ¿qué arriesgas?

¡Reduce tu dependencia!

No cometas tú también el error garrafal de asociar tu vida feliz con la vida junto a los demás.

Tú debes tener tu vida, tus aspiraciones, tus intereses.

Los demás no deben ser tu vida, tus aspiraciones, tus únicos intereses.

Debes ser tú, exclusivamente tú, autónomamente tú, la base de tu felicidad. Los demás sólo deben estar a la altura.

Por tanto, de ahora en adelante, no confíes a los otros tu felicidad, no hagas que dependa de su humor, de que hayan tenido un buen día o de sus ganas de dedicarse a ti.

Y serás independiente.

.... Y será un lindo vivir.

> *Está siempre en buena compañía*
> *quien está bien consigo mismo.*

Quizá tú también seas una de esas personas que temen estar solas, caminar solas, irse solas, ir al cine solas, etc........ Y así nace en ti la necesidad de compañía... Entonces, a menudo, buscas compañía. No importa de qué tipo: buena, menos buena, pasable, con tal de que sea compañía.

No hay error peor.

¿De qué te sirve estar con tantas personas si dentro de ti sientes igualmente la soledad?

¿De qué sirve estar con personas vacías y tontas?... ¿Llegar a ser una persona vacía y tonta?

Por tanto, no te preocupes por tener tantos «amigos». Esfuérzate seriamente en construir una amistad fuerte y única.

Pero, ¿quién puede ser la persona con la que puedes establecer una relación plena, verdadera, altamente gratificante? Tú.

Sólo tú puedes ser tu mejor amigo.

Puedes conocer a las mejores personas del mundo, pero no te servirá de nada si antes no te has conocido a ti mismo y has construido una buena relación contigo.

◇◇◇◇◇◇◇◇◇◇◇◇◇◇◇◇◇◇◇◇◇◇◇◇◇◇◇◇◇◇◇◇◇◇

¡No temas la soledad!

No te dejes amedrentar por ella.

No la consideres una condición de marginación forzosa: *«Los demás no me quieren y me dejan con mi soledad»*, *«Si no tengo compañía, significa que soy una persona de poco valor, una persona desechada por los demás»*.

Elige la soledad por iniciativa propia alguna vez. Así, cuando debas soportarla no te molestará.

Así reducirás la dependencia social.

Y aumentarás tu libertad.

.... Y aumentarás tu felicidad.

> *No está solo quien está solo, sino quien se siente solo.*

Evita la independencia total

Quizá no lo sepas, pero existe un defecto peor que la dependencia: LA INDEPENDENCIA RADICAL.

En los fragmentos anteriores te he exhortado vivamente a reducir la dependencia excesiva... en éste te exhortaré a aceptar la dependencia: la natural, es decir, la necesaria, la sana.

Prescinde (todo lo que puedas) de la ayuda de los demás... pero no te propongas no pedir nunca ayuda.

Intenta estar bien sin compañía y, a lo mejor, sin afecto... Pero no renuncies a la compañía y al afecto.

Nadie puede ser completamente independiente.

Un cierto grado de dependencia es normal en las personas psicológicamente maduras.

No caigas en la independencia a toda costa.

Es un síntoma de rigidez mental. Es una pretensión absurda.

No te dejes engañar por tu geniecillo maligno que te sugiere frases poco felicibles del tipo:

«Si le pido ayuda a Fulano significa que soy inferior a él»

«Si le pido afecto a Mengano me pondré en condición de sumisión»

«Pedirle consejo a Zutano es admitir que soy una persona estúpida por no sabérmelas apañar sin su ayuda».

Te aconsejo que no te ofusques con estos pensamientos grises.

El hecho de que pidas ayuda (dejando de lado el falso orgullo) favorece la construcción de buenas relaciones, de relaciones poco dependientes.

¡Acepta serenamente la dependencia que no puedes evitar!

¡Acepta serenamente la dependencia natural!

... Y serás menos dependiente...

.... y será un lindo vivir.

> *Quien por orgullo no busca nunca a los demás,*
> *al final, se pierde a sí mismo.*

La libertad y la vida

Te vendría bien meditar sobre la mejor forma de conducir tu vida. Dejas que los otros la conduzcan por ti con demasiada frecuencia.

Deberías reflexionar cada vez que se te ofrece la cómoda ocasión de dejar al margen tus responsabilidades. El bien que obtienes de inmediato puede ser una nimiedad en comparación con el daño que puedes recibir después.

LA VIDA ES LIBERTAD.

Es ser libres (en la medida de lo posible) de dependencias afectivas y sociales.

Es hacer (en la medida de lo posible) lo que nos gusta, cuando nos gusta y como nos gusta.

Es liberarnos de prisiones psicológicas y morales.

Y poder decir «no» cuando se quiere decir «no», y «sí» cuando se quiere decir «sí».

Pero, para llegar a un grado elevado de libertad, debes combatir tu inseguridad que te obliga a encerrarte dentro de la prisión de la dependencia.

Porque, cuando en la vida hay mucha dependencia, hay poca vida.

---

*Vive feliz el que no está condicionado por los demás
para hacer algo que no le gusta.
Pero todavía es más feliz
el que no está condicionado por sí mismo.*

Recuerda

PARA VIVIR FELIZ, DEBO REDUCIR MI DEPENDENCIA

Hoy me ha telefoneado mi geniecillo maligno y me ha dicho: «*Es inútil, Omar, que te preocupes por recordarle a tu lector que se ponga a memorizar requetebién los conceptos de este libro que puedan hacerlo vivir más feliz.*

No lo hará.

¿Dónde mete su inercia?».

Te lo pido: ¡Desmiéntelo!

Fotocopia las frases de este nolibro que más te gusten y ponlas bien a la vista en tu casa, en el trabajo o en el coche.

Te ayudarán a reducir algunos miedos tontos...

... te ayudarán a modificar algunos comportamientos tuyos poco felicibles...

... te ayudarán a vivir feliz.

Y mi geniecillo maligno se pondrá negro de rabia.

(Pero yo lo querré igual.)

Disfrutar más

Llegados a este punto del nolibro una extraña sensación se ha apoderado de mí... Veamos de qué se trata.
¡Ah! ¡Sí! ¡Ya lo tengo! ... Es una duda.

Me ha asaltado la duda de que quizá (y a pesar de todas mis estrategias) todavía no has adquirido la costumbre de no enfadarte ante los inconvenientes, lo diferente, lo extraño.
¿Y ahora qué?........ ¿Qué puedo hacer para que adoptes del todo esa indispensable costumbre?

> Estoy pensando. Estoy pensando. Estoy pensando. Estoy pensando. Estoy pensando. Estoy pensando. Estoy pensando. Estoy pensando.

¡Lo tengo!... ¡Lo tengo!...
He tenido una idea fantástica y utilísima... Voy a invertir las páginas de este capítulo... así te posicionarás ante un inconveniente, lo diferente, lo extraño.
Quizá al principio te enfades... pero luego te acostumbrarás y no te enfadarás más... De la misma forma, cuando durante tu vida te topes con algo diferente y extraño, te molestarás sólo un poco, lo justo.
Sí... me parece una muy buena idea.
¿Qué es lo que haré después de esta página?
Pondré a la izquierda las páginas de la derecha y a la derecha las de la izquierda.
Así que, a partir de la próxima página tendrás que leer primero la página de la derecha y luego la de la izquierda... ¿de acuerdo?
Un consejooooo...
No te enfades por esta «loca» ocurrencia mía.
En la vida siempre hay cosas más molestas que hacer... pero se tienen que hacer si se quiere vivir feliz...
... y hacerlas con amor si se quiere vivir hiperfeliz.

debilita... y se convierte en presa fácil de enfermedades. Ocurre lo mismo con nuestro bienestar psicológico.

Nosotros necesitamos diariamente una buena cantidad de «psicocalorías», de lo contrario nos debilitamos... y nos convertimos en presas fáciles de enfermedades psicológicas: la primera de ellas es la infelicidad.

Nosotros los seres humanos, cuando tenemos que alimentarnos físicamente vamos al supermercado, compramos comida y todo resuelto... Pero cuando tenemos que alimentarnos psicológicamente, ¿cómo lo hacemos?

Está claro que no venden psicocalorías en los supermercados, ni crecen bajo los árboles. Las tenemos que producir nosotros mismos.

Los principales elementos que producen psicocalorías son el placer y la alegría.

El placer

El placer es esa sensación de bienestar mental producida por la satisfacción de las necesidades económicas, físicas, afectivas, psicológicas y sociales.

Sientes placer cuando, por ejemplo, ganas dinero o recibes un regalo de valor, o heredas unos bienes...

... y sientes placer cuando comes alimentos exquisitos o bebes buen vino o haces el amor.

... y sientes placer cuando vive contigo una personas que te quiere, te hace compañía, te da seguridad, está contigo en los malos momentos, te cuida si estás enfermo, te asiste, se interesa por ti...

... y sientes placer cuando te pones una prenda de vestir de moda, o cuando enseñas tu bonita casa, o muestras con orgullo un objeto de valor tuyo (porque sientes la admiración de los demás).

El placer, en definitiva, está relacionado con la ganancia,

La vida y el arte

Quizá tú también has experimentado muchos de los placeres de la vida:
comer alimentos exquisitos,
beber buenos vinos,
hacer el amor,
viajar,
recibir estima y prestigio...
... pero, ¿has sentido la hermosa alegría de dejarse llevar por la fantasía?... ¿de acariciar el viento con el propio cuerpo?... ¿de embriagarse con los colores de una flor?... ¿de pintar cuadros con nieve?

....

Quizá hayas tenido muchas emociones en la vida, muchas sensaciones e impresiones.
Pero, ¿has sentido la inmensa satisfacción de jugar con el pensamiento a correr libres por los prados?... ¿y escuchar la voz del silencio en un bosque?... ¿sentir el alma de un pintor al mirar un cuadro suyo?... ¿o extasiarse escuchando una sinfonía?
¿Has probado a disfrutar de ti mismo?....
¿De tu alegría, pero también de tu tristeza?
¿De tu serenidad, pero también de tu inquietud?
¿De tu coraje, pero también de tu miedo?
Vivir feliz es un arte...
... en el que no se necesitan martillos ni cinceles, ni telas ni colores para realizar una obra maestra... basta con el pensamiento...
... y disfrutar es la expresión más bella, más excepcional y fantasmagórica del pensamiento.

> *Las alegrías de la vida son invisibles para el que es ciego de alma.*

El placer y la alegría

Nosotros los seres humanos, para vivir físicamente bien, necesitamos tres mil calorías por día.
Si durante un tiempo nuestro cuerpo no recibe esas calorías, se

porque sientes bellas sensaciones admirando sus originales formas y sus estupendos colores, entonces experimentas alegría.

¿Has entendido bien la diferencia?

Te pongo otro ejemplo.

Cojamos ahora la necesidad de amar.

Tú sientes alegría cuando amas algo o a alguien sin que tu amor te proporcione ventajas. Amas así porque es bello amar.

Si (por ejemplo) amas las flores de tu terraza porque gracias a ellas recibes admiración de tus invitados, entonces sientes placer.

En cambio, si amas las flores (y las cuidas) porque para ti es bello mirar sus extraordinarias formas y sus fantásticos colores, entonces sientes alegría.

Un ejemplo más (soy cabezota, ¿verdad?),

Veamos crear.

El alfarero que trabaja la arcilla siente placer porque piensa en el beneficio que sacará de la venta de sus productos.

En cambio, el niño que juega con la plastilina siente alegría porque no piensa en ningún tipo de beneficio. Modela la plastilina porque para él eso ya es algo bonito. Goza de su blandura, de su plasticidad, de su ductilidad.

Se funde con la plastilina en una relación bellísima fuera del cómo y del por qué, del lugar y del tiempo.

Porque él es materia y la plastilina es materia.

Y así con todo.

Quien consigue alcanzar la fantástica dimensión en la que

(material, afectiva, psicológica, social).

La característica principal del placer es la brevedad, o su disminución con el transcurso del tiempo.

Me explico mejor.

Cuando ocurre algo que representa una ganancia o una ventaja, se siente mucho placer. Luego, la intensidad disminuye hasta desaparecer.

Por este motivo, **una persona que se alimenta psicológicamente sólo de placeres se ve obligada a tener más dinero cada vez para comprar más cosas que consumir o con las que ostentar para sentir placer.**

La alegría

La alegría es esa sensación de bienestar mental producida por la satisfacción de necesidades «del pensamiento»:

necesidad de conocer,

necesidad de entender,

necesidad de crear,

necesidad de amar,

necesidad de percibir la belleza.

A diferencia del placer, la alegría no está relacionada con ninguna ventaja.

Te voy a poner un ejemplo.

Cojamos la necesidad de conocer.

Si te interesan las piedras preciosas porque quieres saber comprarlas o porque llevándolas puestas hace que los demás te estimen más, entonces sientes placer. (Porque tu acción tiene una ganancia como finalidad.)

Si en cambio te interesas por las piedras preciosas

frenas tu espontaneidad, falsificas tu identidad.

Y das paso a los problemas psicológicos.

Sin embargo, hay otro modo de satisfacer tu necesidad de psicocalorías........ Es más simple que el de tener, no te exige nada a cambio, y no te tienes que «vender»........

... sentir alegría.

La alegría no depende de tener, sino de ser...; no depende de los demás, sino de ti.

Puedes notar la alegría en cualquier momento, sin gastar un euro, sin pedirle nada a nadie. Sólo debes aprender a observar, a escuchar, a apreciar, a crear, a ser sensible ante la belleza, a amar (verdaderamente).

Debes intentar que, en la base de tu pensar y de tu actuar haya, sobre todo, motivaciones «del pensamiento», no motivaciones materiales.

Al principio encontrarás algunas dificultades. Luego, poco a poco, con el paso del tiempo nacerá en ti la sensibilidad a la alegría, la costumbre a la alegría...

... y te bastará una pequeñez para sentirla...

... y será difícil entristecerse si sabes gozar con poco.

¿Quieres aprender a gozar?

Haz lo siguiente.

Cuando mires algo, obsérvalo con los ojos límpidos y la mente libre de intereses materiales.

No pienses en su utilidad, en su valor económico, social o afectivo. Intenta concentrarte en su belleza intrínseca, en sus cualidades

se siente la mente ligera, el corazón joven y el alma revoloteando por el aire, entonces se experimenta la alegría. Y cuando se siente alegría a menudo, vivir se convierte en un lindo vivir.

> *La alegría que se siente al conocer*
> *vale mucho más que el conocimiento adquirido.*
> *La alegría que se siente al hacer*
> *vale mucho más que lo que se hace.*

Tener, ser y alegría

Quizá tú también hayas confiado gran parte de tu nutrición psicológica a los placeres producidos por el tener.

Pero, para tener... debes ganar... y para ganar debes «vender» tu tiempo, tu inteligencia, tu libertad.

Aún hay más...

No todo lo que quieres tener puedes comprarlo.

El afecto lo tienes que recibir de los otros.

La compañía la debes recibir de los demás.

El prestigio lo debes recibir de los demás.

El sexo lo debes recibir de los otros.

Y los otros no siempre están dispuestos a darte lo que te hace falta o, si te lo dan, quieren algo a cambio, y a lo mejor más de lo que te dan.

Y así, tu carrera a la felicidad de los placeres está llena de obstáculos. Y se te hace cada vez más difícil liberarte del difícil laberinto de la vida.

Eso no es todo...

Hay que añadir que para tener (dinero, estima, prestigio) poco a poco, sin darte cuenta, reduces tu autenticidad, un cerezo!

Y ahora, dime...

¿Has intentado alguna vez subirte a un árbol?...

¿y confundirte entre las hojas?..

¿y oír el trino de los pájaros como él lo oye?...

¿y oír el silbido del viento como él lo oye?...

¿y sentir encima el azote de la lluvia como él lo siente?...

¿hasta sentirte árbol como él?

Eso es............................ Eso es la alegría.

¿Quieres aprender a gozar?

Haz esto.

Cuando mires un animal, míralo en su esencia de animal no en relación contigo.

Un perro (por ejemplo) es bello no porque te defienda o te haga compañía, sino porque es un perro.

¿Cuáles son sus características naturales de las que se puede gozar?

Su forma de perro, su cara de perro, sus orejas de perro, su menear de cola de perro, su correr de perro, su modo de seguir la pista como si delante del hocico tuviera una nariz de un metro.

Un gato no es bello porque te hace compañía o te regala placer cuando acaricias su pelo suave, sino por sus características específicas de gato.

Su agilidad, por ejemplo.

Es una verdadera alegría observarlo mientras trepa elegantemente por un árbol o por un techo.

¿Y la araña?

¿Dónde sitúas a la araña?

Tú no conoces la inteligencia de la araña.

No sabes qué obra de arte de ingeniería es su tela... Y lo agraciados que son sus movimientos... Y lo astutas que son.

¿Sabes por qué millones de personas viven poco felices?

Porque, cuando miran a los animales, piensan en su utilidad o en el peligro que podrían representar.

Ven la araña, por ejemplo, como algo de lo que hay que mante-

naturales.

Una nube movida por el viento (por ejemplo) no tiene ningún valor si la miras con los ojos del placer; sin embargo, lo tiene muchísimo si la miras con los ojos de la alegría.
Encontrarás mil cosas con las que deleitarte...
... su vaporosidad, que te regala un soplo de ligereza...
... su forma, que, con el fondo del cielo azul, puede hacerte «pintar» fantásticos cuadros...
... su constante mutación momento a momento, que te sugiere
movimiento, dinamismo, vida.

¿Has visto cuántas sensaciones bellas puedes sentir miran-
do una nube?
Puedes llenar el depósito de alegría y viajar en compañía de la felicidad por decenas de minutos..., pero si al mirarla piensas que
te ofusca el sol o que te trae lluvia, ya no ves el resto.

Y así con todas las cosas.

Un árbol no tiene nada de particular si lo miras con los
ojos del placer. Pero tiene belleza en abundancia si lo observas
con los ojos de la alegría...
... las ramas dobladas que se agarran en el aire,
... el ondular de su cima acariciada por el viento,
... el color de las hojas herrumbradas por el otoño.

Todo esto, ¿no es una maravillosa sinfonía de la naturaleza? ¿No es acaso un mar de alegría?

Pero, ¿tú has visto alguna vez un cerezo con todas las
cerezas rojas?
Es una inmensa fuente de alegría, una obra de arte de la naturaleza: única, excepcional, inimitable.

Pero, ¿tú sabes lo que hacen los hombres ante un cerezo?
Se ponen a coger sus cerezas.

Y, ¿sabes lo que hacen?
Se las comen... Se las comen, te digo.

¿No es un sacrilegio?

¡Qué gran ocasión desperdiciada no quedarse a gozar durante una hora ante un cerezo!
¡Qué gran ofensa a la diosa de la belleza ponerse a coger cerezas de

bella del universo.

¿Cómo puedes no gozar de ti?

Quizá en este momento de tu vida tu belleza psicológica no está en su mejor momento.

No pasa nada.

Aunque la vida te haya empeorado, aunque tu rostro psicológico haya sufrido el ultraje de mil cicatrices, sigue habiendo en ti una inmensa belleza... porque eres capaz de experimentar sensaciones, emociones, sentimientos... y de ponerte en comunicación con otros pensamientos: como estás haciendo conmigo en este momento, leyendo estas manchitas de tinta que los hombres llaman palabras.

Por tanto, disfruta contigo mismo.

Y disfruta también de los animales.

Y disfruta de los árboles.

Y disfruta de las cosas.

Y disfruta de todo y de todos.

Y disfruta a menudo.

Si consigues hacerte sensible a la alegría, conseguirás cada día poner buenas dosis en tu corazón.

Y la poca felicidad desaparecerá de tu mente.

.... Y será una alegría vivir.

> *Quien tiene la primavera en el corazón,*
> *no espera a las golondrinas para celebrarla.*

Felicidad y alegría

Nuestra mente puede resolver todos nuestros problemas existenciales.

Gracias a ella, podemos llegar a ser ricos, estimados y potentes; podemos rodearnos de personas que nos quieren un montón; podemos vivir cien años. Pero, si no la ponemos en condiciones de disfrutar con frecuencia, no nerse alejado o que hay que matar.

Y en cambio, no.................... Las arañas son bellísimas... y las domésticas más todavía.

Las arañas pueden despertar alegría. Pero los hombres las evitan, las matan............ ¡Pobres! (No las arañas, los hombres).

¿Quieres vivir feliz?
Aprende a gozar.

Es fácil, verás.

Sólo debes fijar muy bien en tu cabeza el concepto de que la alegría no depende de tener, o de los demás, o de las circunstancias favorables..., sino de ti.

Puedes gozar cuando quieras, como quieras, de lo que quieras: también de ti. Sí, de ti.

¿Cómo?

Ponte (con el pensamiento) sobre ti, y obsérvate.

Si te miras con los ojos del placer, no tienes nada de Leonardo, de Miguel Ángel, ni de Einstein. En cambio, si te miras con los ojos de la alegría, eres como ellos... Igual que ellos, tienes cualidades bellísimas, excepcionales, maravillosas: la capacidad de pensar, de comprender, de reír, de llorar, de gozar, de sufrir.

... ¡Por tanto, goza de todas tus excepcionales cualidades!... de tu belleza, por ejemplo.

Quizá no goces de esta característica positiva tuya porque piensas que no eres una persona particularmente bella.

Te equivocas.

La belleza está en ti.

Eres la persona más bella del mundo.

¿¡Cómo puedes no considerar bella una cosa que tiene la capacidad de pensar, de comprender, de reír, de llorar, de sufrir, de crear, de amar!?

Tú no eres sólo tu cuerpo (tu tórax, tus brazos, tus piernas, etc.). Tú eres por encima de todo un pensamiento: la cosa más

para disfrutar de la vida!

Un consejooooooo...
Aprende a disfrutar........ y disfruta todo lo que puedas... incluso ante mil dificultades.

No corras el riesgo de notar la terrorífica sensación de darte cuenta (como les ha ocurrido a muchos) de que no has vivido justo cuando estés a punto de morir.

No esperes momentos mejores para comenzar a vivir. Debes vivir ahora.

.... Y vivir es, sobre todo, gozar.

> *Quien multiplica las alegrías del espíritu,*
> *divide los dolores del cuerpo.*

Recuerda

PARA VIVIR FELIZ,
DEBO DISFRUTAR MÁS

¿Me perdonas?......... ¿Me perdonas por haberte creado un poco de caos con esto de las páginas invertidas?

Lo he hecho por ti, créeme... para hacer que te entrenes.
De esta forma aprenderás a no enfadarte hasta en medio del caos de tu ciudad.
De esta forma aprenderás a no enfadarte hasta en medio del caos de las actuales relaciones humanas.

.... De esta forma vivirás un poquito más feliz.
Después de la página siguiente puedes volver a leer de manera normal.

resolveremos nunca el problema más importante de nuestra vida: ser felices.

No cabe duda... **Cuanto más conseguimos gozar, más felices nos sentimos. Cuanto menos conseguimos gozar, menos felices nos sentimos.**

Quizá tú pienses: «*Pero, ¿¡qué dice este Omar Falworth!?... ¿Qué tiene que ver mi alegría con mi felicidad?... Yo vivo poco feliz porque tengo algunos problemas... En cuanto los tenga resueltos, mi infelicidad desaparecerá.*
La alegría no puede resolver mis problemas».

Te equivocas.

Intenta preguntar a las personas que han resuelto los problemas que (según ellas) eran la causa de su infelicidad.

Te responderán que, durante un breve periodo, se sintieron felices, pero después su humor de fondo volvió a ser gris como antes......

Por tanto, se dieron cuenta de que su infelicidad dependía de otro problema y se esforzaron en resolverlo.

Lo resolvieron... pero la felicidad duró poco porque había un nuevo problema............. y la espiral continúa...

Quizá a ti también te ocurra algo así.

Quizá tú también seas la típica persona que se pone obstáculos en la vida.

Superas un obstáculo con el convencimiento de que es el último; sin embargo, encuentras otro...

También superas éste, pero hay todavía otro.

Después piensas: «*Vale, hay más obstáculos de los que yo me pensaba pero, cuando llegue a la meta, deberán terminar ya*».

Sin embargo, no.

Porque en la vida no hay ninguna meta que alcanzar.

La vida hay que vivirla mientras se vive... Y si se corre, mientras se corre... Y si se cae, mientras se está en el suelo.
Piensa así a menudo:

No debo esperar a resolver mis problemas actuales

Importantiiiísimooooooo

Este nolibro se acerca a su fin.
Creo que te he hecho pasar algunas horas en buena compañía... creo que te ha regalado muchos minutos de serenidad... y que te ha hecho comprender muchas cosas... y creo que ha hecho aumentar un poquito tu felicidad.
    ¿Quieres aumentarla un poquito más?
Reléelo. Reléelo. Requeteléelo.
Yo mismo lo leo cada día.

Yo, igual que tú, vivo en una sociedad psicológicamente enferma que, como consecuencia, produce personas psicológicamente enfermas (miedosas, inseguras, inmorales, falsas, egoístas, incapaces de gozar, de crear y de amar verdaderamente).
Me enfermaría fácilmente yo también (llegaría a ser poco feliz) si no tirase a la basura una y otra vez los mensajes negativos que me transmite esta sociedad enferma y la gente «enferma» con la que estoy en contacto cada día.
Y consigo no enfermar gracias a la asidua lectura de mi nolibro.
¡Haz tú también como yo!
Léelo a menudo.
Recuerdaaaaa...
HOY, PARA SER FELICES, HAY QUE LUCHAR. PARA SER INFELICES, NO HACE FALTA HACER NADA.

COMUNICACIÓN DIRECTA

Este nolibro ha llegado a su fin...
... y nosotros estamos a punto de separarnos.

¡Ha sido bello estar contigo todo el tiempo que me has leído!
¡Ha sido bello comunicar contigo!

Puede que no hayas captado lo más profundo de mí mientras leías este nolibro...
No pasa nada......... Podrás hacerlo mientras lo relees porque, lo volverás a leer, ¿verdad?
Porque has comprendido que es importante releerlo, ¿verdad?

Ha sido bello comunicar contigo mediante estos trozos de materia que los hombres llaman papel.
Ha sido bello saber que, mientras leías las manchitas de tinta que traducían mi alma, tú y yo estábamos juntos como dos viejos amigos.
Lo creas o no, yo he estado contigo todo el tiempo que he escrito este nolibro. Estabas frente a mí... y yo te hablaba... y te sentía y vibraba.
Lo creas o no, he escrito este nolibro dirigiéndome a ti como si fueras el ser más querido que tengo en la vida.
Y he pensado sobre todo en transmitirte mi corazón.
Cuando quieras estar un rato conmigo, cógeme y léeme.
Y, mientras lo haces, piensa que te quiero.

En todas las páginas de este nolibro he intentado por todos los medios debilitar tu peor parte y reforzar la mejor........ Y, ¡no sabes lo que me ha costado!......... Por eso te quiero.

Es verdad, no soy más que un pensamiento: algo que no se ve, no se oye, no se toca...

... pero te quiero.

Verás...

Nosotros los pensamientos vivimos en el mundo del ser y, de este modo, somos todos hermanos, y nos queremos todos...

Son los cuerpos en los que estamos encerrados los que, con sus temores y miedos, no nos permiten desarrollar todo nuestro potencial. Pero nosotros debemos ser fuertes e intentar combatir los temores de nuestros cuerpos,

y sacar lo mejor de nosotros...

y aventurarse en el mundo...

y gozar...

y amar...

y «volar».

En todos los bellos lugares en los que me he puesto a escribir este nolibro, mientras el volcán en erupción que es mi mente vomitaba ríos de ideas... mientras mi alma y mi fantasía recorrían las páginas... mientras mi fiel estilográfica verde se deslizaba sobre estos folios blancos...

... habría querido tenerte conmigo también físicamente...

... para mirarte a los ojos...

... para escuchar tu voz...

... para poderte abrazar...

... y sofocarte con mi alegría de vivir...

... y contagiarte de ella...

... y hacer que penetre en tus huesos, tu corazón, tu mente...

... que no te deje más.

¡Quién sabe si has notado alguna pizca mientras te la transmitía!

¡Quién sabe si se te ha quedado alguna migaja en el corazón!

En este momento pienso que soy tonto por decirte estas palabras......... Me surge la duda de que, a lo mejor, te parecerán incomprensibles, extrañas, absurdas, locas....... Pero no me importa.

Las siento y te las quiero decir.

Al diablo mi geniecillo maligno que querría bloquear mi espontaneidad.

Te quiero y te lo quiero decir.

Te quiero como al mar.

No basta, como al sol.

No, todavía más: como al cielo, como al universo.

Es bellísimo sentir que se quiere a alguien sin haber visto su cara.

Es bellísimo sentir que se quiere a alguien sin haber intercambiado palabras con él.

Es bellísimo querer por la alegría de querer.

¡Bellísimo!... ¡Fantástico!... ¡Maravilloso!

Te lo comunico con el corazón que me explota de alegría, y con la esperanza de que esto pueda hacer que sientas estos fenómenos mentales que siento yo tan a menudo.

¡Espera un momento!

Antes de dejarte, tengo que decirte algo
o, mejor, preguntarte.
¿Te ha gustado este libro?... ¿te ha dado
algunos momentos de serenidad? ¿de
alegría? ¿de sonrisas?... ¿te ha ayudado
a comprender algunas cosas y, quizá, a
vivir un poquito más feliz?

¿Quieres comunicármelo?
Envíame una postal ilustrada
de tu ciudad con sólo
una palabra: *Hola*.

Será la mejor compensación
a mis esfuerzos

edizioni ESSERE FELICI
via G. Gariani, 16
88100 Catanzaro
Italia

Solicite nuestro catálogo general ilustrado a:

Terapias Verdes, S.L.
Aragón, 259, entlo. E
08007 Barcelona

correo electrónico: ediciones@terapiasverdes.com